異文化理解の問題地図

「で、どこから変える？」
グローバル化できない
職場のマネジメント

千葉祐大

技術評論社

はじめに

職場が外国人だらけの時代がやってきた！

あなたは、日本国内でどれくらいの外国人が働いているかご存知ですか？

現在の外国人労働者の数は、過去最高の約１４６万人（２０１８年10月時点）。このわずか5年で倍以上に増えました。現在の日本社会は、空前の人手不足。9割近くの会社が人材の確保に苦労しています。そんな状況のなか、救世主となっているのが〝外国人材〟なのです。

そして２０１８年12月、この流れを加速する「歴史的出来事」が起こりました。単純労働を含む外国人材の受け入れを拡大する、入管法（出入国管理及び難民認定法）改正案が国会で成立したのです。新たな在留資格が創設されたことにより、これまで以上のスピードで外国人材が増えていくのはまちがいありません。まさに「職場が外国人だらけ」の時代がやってきたのです。

もっとも現状は、長年日本人だけの職場で働き、仕事で外国人材とかかわってこなかった人が多数を占めます。多くのビジネスパーソンは、異文化の職場環境にまだまだ免疫がありません。そのため、はじめての外国人部下に、こんな違和感を訴える日本人マネージャーが続出しています。


「指示したとおりにやってくれない。いつも中途半端な仕上がりで、期限も守らない」

「ことあるごとに文句を言って、やたら主張してくる。なかなか納得してくれない」

「個人プレーが目立ち、チームで仕事をしようとしない。報連相も不十分」

「空気を読めない。まわりが忙しくしていても、平気で連休をとる」

「問題があっても『大丈夫』と言う。とにかくウソが多い」

「自分が悪くても非を認めない。やたら言い訳が多い」

「せっかく時間と金をかけて教育したのに、突然辞められた」


いまにも、職場に外国人材がいらっしゃる方から「ウチの外国人社員もまさにこんな感じだよ」という同調の声が聞こえてきそうです。

でも、ちょっと待ってください。それは外国人材が一方的に悪いのでしょうか？

断言します。多くのケースにおいて、異文化マネジメントの機能不全は、相手を理解しようとしない日本人マネージャーの側に責任があります。そして、日本人マネージャーしだいで解決できるケースが多く、やり方もそれほど難しくありません。ただ、やることは確実に増えます。日本人の部下には不要なアクションをたくさんしなければいけませんから。

「ああ、外国人の部下って、ホント面倒くさいなあ……」

外国人材のマネジメントに慣れていない多くの日本人マネージャーの方は、いまおそらく、こんなことを考えながら仕事をしているのではないでしょうか。はい、まさにそのとおりです。彼ら彼女らはとても優秀ですが、とても面倒くさい存在でもあるのです。

それに、ひとくちに〝外国人材〟といっても、その属性は多岐にわたります。国籍ごとに特性は異なり、日本語レベルや日本人への理解度も人それぞれ。１００人いれば１００通りの異文化問題が存在します。異文化理解の問題は、やたら「独自ケース」や「場合分け」が多いのが特徴です。

もっとも、すべてに共通する原則はあります。それは、

「受けとめ側の捉え方しだいで、異文化問題の本質やレベルはいかようにも変わる」

ということ。どんな事象に対しても「違いがあってあたりまえ」と考えられるようになれば、多くの問題は想定内にとどまるでしょう。

「違いを受入れ、それに合わせて少しずつ行動を変えていく」

そうすることができれば、どんな異文化問題も必ず解決に向かいます。

本書は、私が国内のマネジメント現場で得た「異文化あるある」をピックアップし、それらを問題地図として描いたものです。あなたの職場にもあてはまる事象を見つけ、「これは」と思う解決策を試してみる——そういう使い方をする前提で本書を読み進めてください。あなたのやり方しだいで、外国人材は必ず変わります。そして、日本人以上に活躍してくれるようになります。その具体的な方法を、いまからいっしょに探っていきましょう。

私は長年、メーカーやサービス業の現場で異文化マネジメントに携わり、教育機関の講師としても、これまで延べ6000人以上の外国人材とかかわってきました。これから本文でご紹介する知見やデータは、高い妥当性があると自負しています。本書が少しでも、職場の異文化問題に悩むみなさんの一助となれば、これに勝る喜びはありません。

CONTENTS

2丁目 主張だらけ

3丁目 チームワーク不全

6丁目 すぐに辞める

おわりに　まずは小さなことから始めてみよう

1丁目

指示が正しく伝わらない

行先

グローバル化できない
職場のマネジメント

ある日のオフィス。部長の鈴木さんが、中国人部下の張さんを呼び、険しい表情で指示を出します。

鈴木部長「張さん。例の報告書、できるだけ早くまとめといて。先週打ち合わせしたやつね。今度の部長会議で急遽私がプレゼンすることになったんだ。スケジュール的にちょっとタイトなんだよ。あっ、それと時間があったらプレゼン用のパワポもつくっておいてね」

張　さん「はい、わかりました」

~2日後~

鈴木部長「張さん、資料できた?」

張　さん「いいえ、まだやっていません」

鈴木部長「えっ、どこまで終わったの?」

張　さん「これからやります」

鈴木部長「何やってんだよ!『できるだけ早く』って言ったじゃないか!」

張　さん「昨日と今日は、月次資料をつくっていましたので。こちらを終わらせてからやろうと思ってました」
鈴木部長「月次資料なんて後回しでいいよ！　そんなの急ぎじゃないんだから。ということは、もしかしてパワポ資料もまったく手つかずなのか？」
張　さん「はい。部長は『時間があったら』と言いましたから」
鈴木部長「おいおい……（ダメだこりゃ）」

はい、手戻り発生！　仕事の段取りは今日もメチャクチャ。上司のイライラはマックスまで募ります。

「言ったとおりにやらない」
「いつも中途半端な仕上がり」
「優先順位のつけ方がおかしく、期限を守らない」

上司にしてみれば、仕事の見込みがまったく立たず、いたずらに業務量が増えるばかり。お客さんがいるケースなら、まちがいなくクレームになるでしょう。

指示が正しく伝わらない伝え方の3つの原因

おそらく鈴木部長は、すべて問題は張さんにあるかのように決めつけているはず。


「自分はこれまでと変わらないのに……」

「ずっとこのやり方で問題なかったのに……」

「悪いのは、理解できない外国人部下のほうだ」


なんて思いながら。

でも、ちょっと待ってください。本当にそうでしょうか？

はっきり言ってこのケース、もっぱら原因は鈴木部長にあります。伝え方があまりにも悪いのです。

指示が正しく伝わらないのは、次の3つの伝え方に原因があります。

☑「指示が通じないのは相手のせいだ!」そしていつまでも業務は滞る……

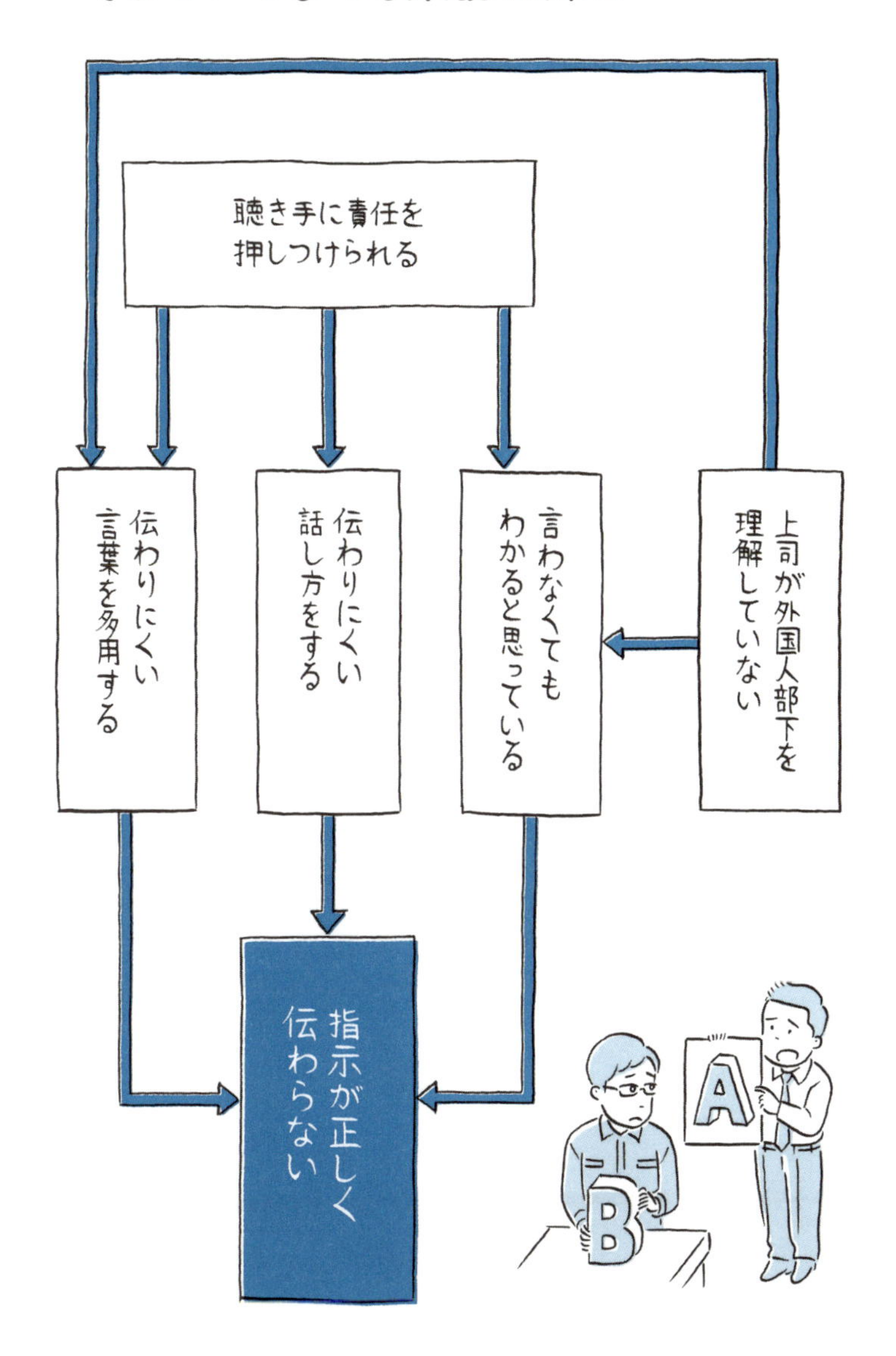

①伝わりにくい言葉を多用する（「あいまい言葉」「カタカナ言葉」「専門的すぎる用語」が多い）
②伝わりにくい話し方をする（「無表情」「ボソボソ話す」「滑舌が悪い」で伝わらない）
③言わなくてもわかると思っている

①伝わりにくい言葉を多用する

外国人には、次の3つの言葉づかいは要注意です。

- **あいまい言葉**
- **カタカナ言葉**
- **専門的すぎる用語**

私はこれを「三悪言葉」と呼んでいます。冒頭のケース。鈴木部長の指示でも、この三悪言葉がいくつか登場しています。

あいまい言葉

まず、「例の報告書」とざっくり言っても、何を指しているのか明確ではありません。後から「先週打ち合わせしたやつ」と付け加えていますが、これでもまだ不十分です。外国人部下が誤解しないよう、具体的に内容を示さなければいけません。

そして、ダメ押しのダメ表現。

「できるだけ早く」
「時間があったら」

これ、日本人が使うあいまい言葉の代表選手です。

おそらく鈴木部長は、「私が言っているのだから最優先でやれ」と言いたかったのでしょうが、この言い回しではその緊急性と重要性が伝わりません。ほかの仕事で手一杯であれば、「いまは忙しいのでできない」と難色を示すはずです。実際に張さんも、さも当然のように「ほかの仕事を優先した」と言ってますよね。

こうした相手に意味を汲み取ってもらおうとするコミュニケーションスタイルは、外国人にはその意図がうまく伝わりません。いたずらに誤解や混乱を招くことにもなるので注

☑ 日本人だけにしか通用しない「あいまい言葉」

意が必要です。

参考までに、前ページに、日本人が使う代表的なあいまい言葉を載せました。「できるだけ」使わないようにしてください。あっ、そういう私が使ってしまいましたね（苦笑）。

カタカナ言葉

「日本人はカタカナ言葉が好きですね」

この指摘、外国人からよく受けます。

えっと、さきほどの鈴木部長の発言でも……。あっ、やっぱり使っていました、「タイト」（苦笑）。この言葉の意味やニュアンスが伝わっていれば、張さんの対応も違っていたのかもしれませんが。案の定、まったく伝わっていませんね。

カタカナ言葉は、日本人でも本当の意味を理解していない人が多いといいます。そもそもカタカナ言葉は、うまく日本語に置き換えられないからカタカナで表現するのです。この時点で、すぐにはぱっと理解できないと言っているようなもの。日本人が「生煮え」で使っている言葉を、外国人が正しく理解できるはずがありません。

伝言ゲームよろしく、中途半端に使った言葉は、外国人にはさらに歪曲されて伝わりま

☑ 意外と「カタカナ言葉」は伝わらない

す。まあ、いいことナシ！

ちなみに、日本で働く外国人は英語を話せる人が多く、英単語自体はよく知っています。にもかかわらず、カタカナ言葉で行き違いが生じやすいのは、日本人が話す英語が正しい発音とかけ離れているから。発音が独特な日本人のカタカナ言葉は、彼ら彼女らには英語と認識できないのです。もし、どうしてもカタカナ言葉を多用したいのであれば、ネイティブ英語と同じ発音で話せば理解されるのでしょうが……。それじゃ、もはやコントですよね（笑）。

専門的すぎる用語

専門的すぎる用語も、混乱のモトをつくります。

たとえば、コンビニの仕事で「サッカー」といえば、商品の袋詰め作業をすること。はじめてコンビニで働いた留学生が、「サッカーのやり方を教えるから」と店長に言われて驚いたといいます。

ちなみにコンビニでアルバイトをする外国人が一番苦労するのは、タバコの販売だとか。聞いたことのない（専門的な）名前の銘柄がたくさんあって、しかもカタカナ。なかには商品名を略して言うお客さんもいるので、わけがわからなくなるそうです。

「仕事で使う言葉なんだから、そんなの知ってて当然！」
「よく使う言葉は自分で調べて、真っ先に覚えてくれよ……」

そう言いたくなる気持ち、わからなくもないです。でも重要なのは、指示が正しく伝わること。自分の常識やあたりまえを押しつける前に、まずは伝える側のあなたが表現方法を工夫するのが先ですよ。

②伝わりにくい話し方をする

伝わらない話し方とは、外国人が聞き取りづらい発声法のこと。具体的には次の3つが代表的です。

- 無表情
- ボソボソ話す
- 滑舌が悪い

表情から感情が読めず、聞き取れない音量と発音で話す人って日本人に多いですよね。「寡黙な人」。周囲からこう呼ばれている人は、たいていこのタイプは、外国人にとってまさに〝天敵〟です。

よく考えてみてください。学生時代、あなたはどうやって英語のリスニングを勉強しましたか？　まずはアナウンサーが話す動画やリスニングテープを使って学習したのではないでしょうか。そのアナウンサーの話し方を思い出してください。

無表情で話していましたか？
ボソボソ話していましたか？
滑舌が悪くて聞き取りにくかったですか？

真逆ですよね。明るく、はきはきとした口調で、あなたに語りかけていたはずです。学校の先生もしかり。おそらく英語の先生は、テンション高くはっきりとした口調でリスニングの授業を進めていましたよね。

外国人が日本語を勉強する時も同じです。彼ら彼女らは明瞭な声音の日本語を聴いて、リスニング能力を高めてきました。それは、とてもきれいで聞き取りやすい日本語でした。

つまり、無表情でボソボソと滑舌悪く話す日本語には慣れていないのです。

「自分はちゃんと伝えているのに理解してくれないんだよな」

そう感じている方は、こうした伝わらない話し方をしている可能性があります。くれぐれもご注意を。

あ、それと正しく伝えるうえで「話すスピード」はそれほど関係ありません。よく、外国人にはゆっくり話したほうがいいと言う人がいますが、それダウトです。滑舌さえよければ、話すスピードが多少速くてもほとんどの外国人はついてこれます。「外国人にはゆっくり話さなければいけない」のは、滑舌の悪い人だけにあてはまる指摘です。

③言わなくてもわかると思っている

日本人上司の伝えるスキルが低い原因をもう1つ。

それは、日本人同士であれば通じるこの思い込みにあります。

「言わなくてもわかるだろう」

理解できないのは受けとめ側の責任であり、聴き手が話し手の意を汲むべきとする勝手な決めつけ。相手の察しに期待する日本では、何でもいちいち訊く人は嫌われ、1を聞いて10を知る人が称賛されます。

「日本人とうまくコミュニケーションするには〝テレパシー〟が必要だ」

日本在住12年目を迎えた、知り合いの中国人の言葉です。

相手の気持ちを推し量るテレパシーをもっていなければ、日本人とのコミュニケーションは成り立たないのだとか。そのテレパシーは、「10年くらい日本で生活しないと身につかない」とのことです。

そして、部下のテレパシーに期待する日本人上司が頻繁に口にするフレーズがこれ。

「そんなのいちいち言わせるな！」

「前にも言っただろう！」

今日もオフィスには、部下の質問をシャットアウトする、こうした上司の罵声が飛び交います。

日本人部下であれば、それでも仕事は回ります。想像力をフルに働かせて、上司の気持ちを読み取ろうとしますから。

でも、外国人はそもそも1から10を汲み取ろうなんて意識がないですし、日本語能力の問題もあって1を言っても1に届かないこともザラ。外国人部下には、「言わなくてもわかる」はずがないのです。

根本原因は「聴き手に責任を押しつけられるコミュニケーションスタイル」にある

日本人同士の会話は、聴き手責任のコミュニケーションスタイルといわれます。会話の背景や前後関係、話し手のバックグラウンドなどをふまえて、

「おそらく、この人はこういうことを言いたいのだろう」

と察してあげるのが聴き手の義務。そのため、話し手はわかりやすく説明しようとする意識が希薄になりがちです。

とりわけ上司と部下の関係においては、このありようは顕著になります。日本の会社では、上司の意向を忖度することも部下の大事な仕事の1つになっているくらいですから。

たとえば、私は外国人材をマネジメントする管理職むけの研修を数多くおこなっていますが、現状の課題を事前アンケートで訊いた時、「部下の日本語能力と日本のビジネス慣習に対する理解度が低い」という回答がやたら出てきます。多くの日本人マネージャーが、「うまく意思疎通が図れないのは、もっぱら部下の能力不足に責任がある」と決めつけているのです。残念ながら、「自分にも問題があるので伝え方を改善しよう」なんて意識は、ほとんどありません（苦笑）。

日本人上司に伝えるスキルが低い人が多いのは、こうした「聴き手（部下）に責任を押しつけられるコミュニケーションスタイル」に根本原因があるのです。

「部下のことを理解していない」から うまくいかない

ここで質問です。そもそもあなたは、部下のことをどれくらい理解していますか？

「部下のこと？　そりゃ毎日いっしょにいるんだからよくわかっているよ」

そうおっしゃるかもしれませんが、本当でしょうか？　いったい何をどこまでわかっているのでしょうか？

・「うちの部下は、日本語能力試験のN1をもっているから日本語のコミュニケーションは問題ないよ」

➡いいえ、そうとは限りません。日本語で会話できないN1取得者はたくさんいます。

・「もう日本に7年も住んでいるから、日本の仕事のやり方を理解しているはず」

➡いいえ、そうとは限りません。日本在住期間の長さと、日本の職場への理解度は必ずしも比例しません。

・「部下は中国人だから、漢字の読み書きは完璧だよ」

➡いいえ、そうとは限りません。日本の漢字と中国の漢字は違います。中国人でも漢字の読み書きが完璧でない人はいます。

上司の認識不足。コミュニケーションギャップを引き起こす、もう1つの根本原因です。必要なのは、部下の「既知」のレベルを知ること。言葉はもちろん、日本の仕事のやり方に関して、部下が何を知っていて何を知らないのかを把握しておかなければなりません。

そもそも仕事以外でロクに会話したことがないにもかかわらず、「部下を理解している」とうそぶく人はたくさんいます。相手をわかっているつもりでマネジメントしている日本人上司が、いちばん失敗しやすいのです。

では、指示が正しく伝わるようにするにはどうしたらいいのでしょうか。

ポイントは1つ。伝え方を変えること。あなたの指示の仕方を外国人仕様にカスタマイズするのです。やり方はそれほど難しくありません。あなたの心がけしだいですぐにできることばかりです。

重要なことは最低3回くり返す

日本人の1日の平均会話時間は何時間だと思いますか？

答えは約3時間。中国やアメリカが約6時間ですから、いかに日本人が喋らないかわかります。

えっ、それは家庭内での会話量が少ないからですって？　ハハハ。まあ、それもたしかに一理ありますが……。

日本人はあまり言葉をくり返しません。なまじ同じことばかり言うと、「あいつはクドイ」と嫌われてしまいますから。加えて、言葉をしょっちゅう端折ります。最後まで言わなくても聴き手が意を汲んでくれるので、全部説明しなくてもいいのです。

でも、それはあくまで日本人同士の場合に通用する話。外国人にもこのやり方を押し通してはいけません。外国人部下に指示を出す時は、言葉を最後まで言い切るのはもちろん、同じ内容でもくり返すのが鉄則です。１回言っただけでは理解できないケースがあるので、むしろ何度かくり返したほうがいいのです。

重要な内容であれば、最低3回はくり返すのがキホンです。表現を変えて言い直したり、補足の説明をしたりして、しっかり内容を徹底させましょう。例を示すとこんな感じです。

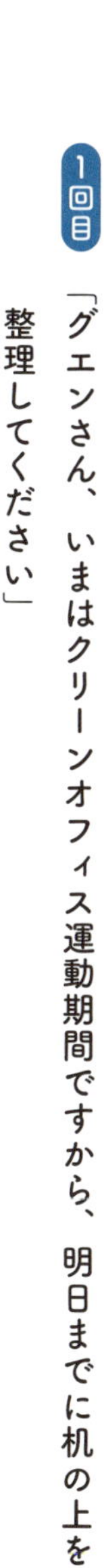

1回目　**「グエンさん、いまはクリーンオフィス運動期間ですから、明日までに机の上を整理してください」**

2回目　**「これは大切な仕事です。明日までに机の上の書類をすべて引き出しの中に入れて、ゴミも捨ててください」**

3回目　**「いいですか。明日の終業時間までですよ。必ず机の上に何もない状態にしてください」**

ポイントはただ1つ、「クドクド言うこと」。大丈夫、相手はあなたをクドイなんて思いませんから。むしろ、「これはやらなければマズイな」と、コトの大きさに身を引き締めるはずです。最後にまとめの一句。

くり返し　クドクド言っても　大丈夫　外国人には　ちょうどいいのだ

言葉の量は5割増しで

外国人材に重要な内容を伝える時は、〝はっきり〟〝具体的に〟〝細かく〟が基本です。あたりまえのことや常識と思われる内容でも、いちいち言語化する必要があります。冒頭のケースも、次のような指示の仕方だったらどうでしょう?

「張さん、新製品の消費者調査の報告書を明日までにまとめてください。先週の金曜日に打ち合わせをした件です。ほかの仕事は後回しでいいので、これを最優先でやるようお願いします」

「その際には、調査の信頼性を上げるために、北村先生のコメントと補足アンケートの結果も報告書の中に入れておいてください」

「あと、この内容を14日の部長会議で発表するので、報告書が終わったら次はパワーポイントの発表資料を12日までにつくってください」

これなら明確ですよね。具体的な数字や固有名詞が入っているので、部下が判断をまち

☑ 言語化5割増しの鉄則

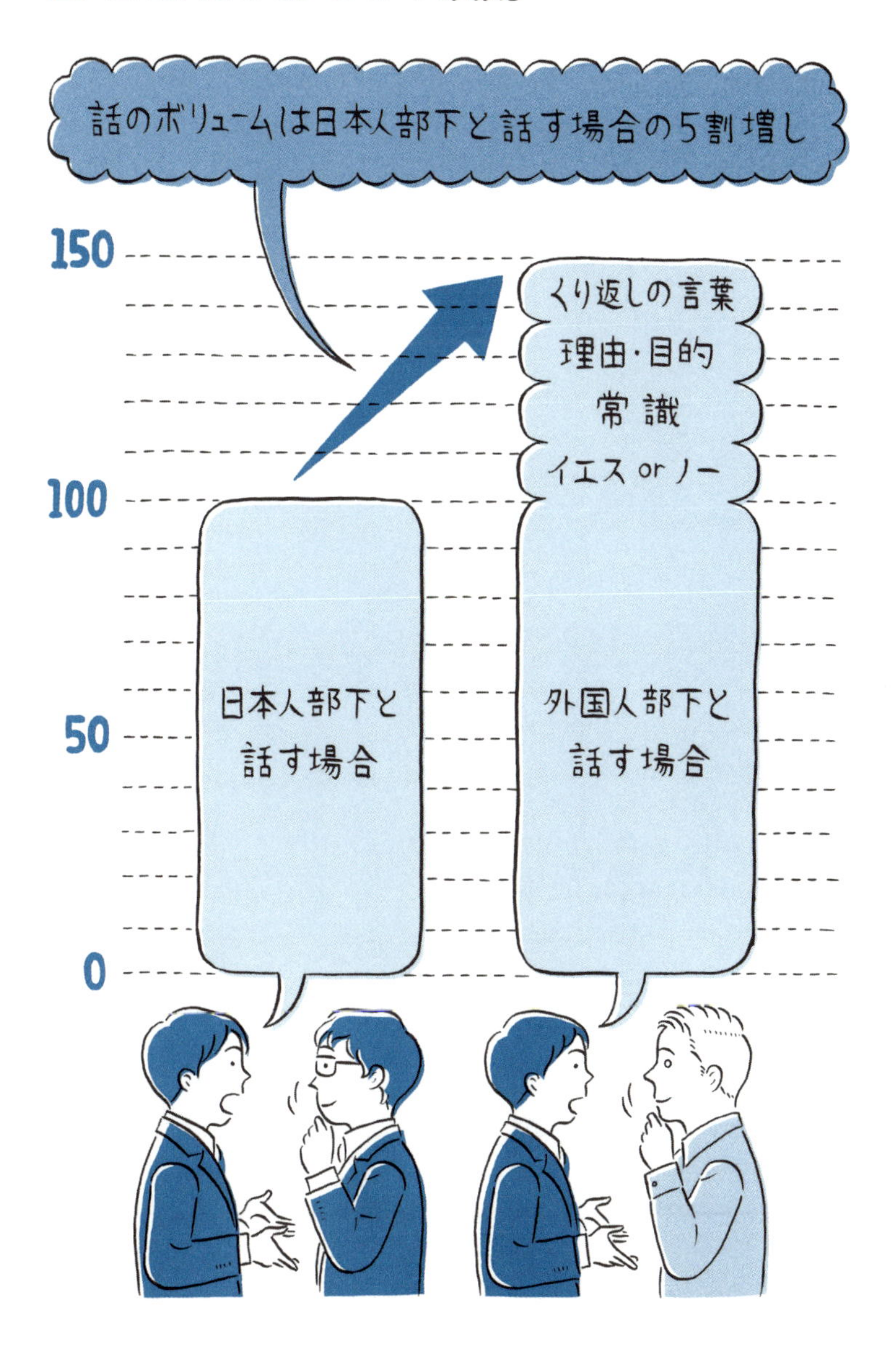
話のボリュームは日本人部下と話す場合の5割増し
150
100
50
0
くり返しの言葉
理由・目的
常識
イエス or ノー
日本人部下と
話す場合
外国人部下と
話す場合

がうこともありません。

話のボリュームとしては、日本人を相手にする場合の5割増しくらいがちょうどいいでしょう。それくらい言葉を重ねなければ、こちらの意図する内容がすべて完ぺきには伝わりません。私はこれを「言語化5割増しの鉄則」と名づけ、普段の研修では、それこそ耳にタコができるくらい日本人マネージャーのみなさんにその重要性を強調しています。

そうそう、たわいもない余談を1つ。外国人留学生に講義をし始めた頃、私はしばらくアゴ痛に悩まされていました。それまで典型的な日本人の話し方だった私。あまりの伝わらなさから、言葉の量を大幅に増やし、口調を一変させたところ、まもなくこんな職業病にかかってしまったのです。

長年培った習慣はすぐには変えられないもの。そのため私は、こうして身体に変調をきたすくらい、徹底的に「伝え方改革」に取り組んだのです。もっとも、私の場合は喋るのが仕事だったのでとことんやりましたが……。たんに指示を伝えるだけなら、もちろんここまでやる必要はありません（笑）。

「理由」と「目的」を必ず伝える

理由や目的を告げず、「これに従ってください」と結論のみをピシャリと通達。日本の職場でありがちなマネジメントスタイルです。「意味するところはお察しください」とばかり、聴き手にすべての判断をゆだねるやり方です。

「ああ、気まぐれ部長のいつもの思いつきで指示してるんだろうな……」
「何かまだ私たちには言えない事態が発生したのかもしれない……」

テレパシーを身につけた日本人なら、受けた言葉をこうして自分なりに解釈します。いちいち理由や目的を訊くなんてヤボなこと。何も言わずに黙って指示を受け入れます。しかし、外国人材にテレパシーありきのこんなやり方は通用しません。

説明の際に必要になるのは、とにかく「ロジック」。そのため結論を話す時は、もれなく理由や目的をセットで伝えなければなりません。

「イエス」「ノー」を明確にする

日本では、いいのか悪いのかわからない、どっちつかずの返答によく出くわします。相手を煙に巻く発言をしながら、落としどころを見つけるのが日本人の得意技。否定のようで肯定ともとれるあいまいな返答は、ある意味、日本人の〝お家芸〟といえます。

同時通訳をしている知人のアメリカ人も言っていました。「日本人の発言は、最後まで肯定か否定かわからないのでホントやりづらい」と。言葉だけを頼りに判断する外国人は、こういう返答に面食らいます。相手の本心が読めず、何をすればいいかわからなくなってしまうからです。

「とにかく最初に〝イエス〟〝ノー〟をはっきりさせる」

それが、外国人と会話する時の鉄則です。

「口角2割アップ」を心がける

良好なコミュニケーションを目指すうえで一番効果を発揮するもの、それは「笑顔」。笑顔の効果は万国共通で、著名な世界のリーダーは総じて表情が魅力的です。

部下と接する時は、つねに笑顔をつくってから話し出すよう心がけましょう。つくり笑いでもかまいません。にこやかな表情をつくっていれば、コミュニケーションの質が上がり、指示の伝達もスムーズにいきます。

気持ちのいい笑顔をつくるコツを1つお教えしましょう。それは「口角2割アップ」を心がけること。口角を2割上げ、逆に目じりを2割下げ、少しだけ歯を見せると、ベストスマイルになります。次のような習慣づけで、口角2割アップの魅力的な笑顔がつくれます。

- **発言の最後に「無言のイ」をつける（口元を「イ」の形にする）**
- **ボールペンや割り箸を1日30秒くわえる**

あっ、それともう1つ重要なことが。口角を上げて話すと滑舌がよくなり、ボソボソ口調が矯正されます。外国人に伝わりにくい話し方も改善するので、一挙両得です。

「気恥ずかしい」と思うかもしれませんが、これもリーダーが身につけておくべき大切な素養。そんなに照れくさがらないで、今日からさっそくやってみましょう。

図やイラストで伝える時の4つのポイント

指示を正しく伝えるプラスαの方法として、言葉以外の伝達手段を活用するのも1つの手です。私のおススメは、図やイラスト。言語では伝えきれない微妙なニュアンスも、図やイラストを使えば相手と正しいイメージを共有できます。どんなに日本語が拙い相手でも、言葉でくり返し説明した後に、図やイラストを使ってダメを押せば、理解されないことはありません。

外国人にも伝わる図やイラストにする4つのポイントをお教えしましょう。

①文字数は50字以下にする

⬇これ以上文字が多くなると、「わかりにくい」と感じてしまうため

☑ 図やイラストで、外国人材に伝わる工夫を!

②漢字にはふりがなを振る

⬇漢字を誤認する可能性があるため

③マル（○）マークやバツ（×）マークを多用する

⬇「してほしいこと」と「してほしくないこと」が一目瞭然となるため

④手順やスケジュールを示す時は、矢印（↓）マークを使う

⬇順番や時間軸が一目瞭然となるため

えっ、「絵心がない」ですって？　大丈夫！　必ずしもきれいに書く必要はありません。大事なのは、相手に正しく伝わること。外国人にも理解できる、シンプルでわかりやすい図やイラストであればいいのです。

前ページに、いくつか実際に使われている図やイラストを載せています。これらを参考に、あなたもご自分の職場に合ったいろいろなパターンやバリエーションを考えてみてください。

1日5回の問いかけを習慣にする

ここまで伝え方を変える方法を説明してきましたが、それだけでは不十分。そもそも相手をよくわかっていなければ、円滑に意思疎通を図ることはできません。かの有名な孫子先生もおっしゃっているではありませんか。「彼を知り己を知れば百戦あやうからず」と。

伝え方をどの程度まで変えるべきかを理解するためにも、部下の「既知」を知る機会を意識的につくらないといけません。部下を知るためのおススメの方法が、1日5回の問いかけを習慣にすること。ざっくばらんに部下に質問する時間を定例化するのです。

相手をよくわかっていなければ、質問ネタはすぐに枯渇します。でも、毎日5回の問いかけをミッションにすれば、否が応でも上司は部下に関心をもたざるをえなくなるでしょう。

「新システムの操作はスムーズにできるようになりましたか？」
「新製品の成分表は覚えましたか？　わからない漢字はありませんでしたか？」
「東京物産の担当者とは何人くらい名刺交換をしましたか？」

こうした仕事の身近な質問をつねに考えておくのです。

えっ、問いかけのタイミングが難しい？　そんなに悩まなくても、

- **朝夕のあいさつ時に、部下に3つ以上質問を投げかける**
- **毎朝の定例ミーティングで、最後は（本題に関係ない）部下の困りごとを訊きだす時間にする**
- **週に1～2回、ランチをいっしょにとる**
- **月に1～2回、飲みニケーションする**

など、つくろうと思えばいつだってつくれるはずです。

ささいな問いかけも、続けていれば有益な習慣となります。おそらく3ヶ月もすれば、いまよりずっと深いレベルで部下の能力や特性を把握できているでしょう。

あと、これによる副次的な効果が1つあります。日本で働く外国人は、概して寂しがり屋の〝かまってちゃん〟。やたら上司が自分に関心をもってくれるので、俄然、仕事にやる気を出すようになるでしょう。

笑いのツボは万国変わらない

COLUMN 

「職場に笑い声があふれる会社」

以前、日本で働く外国人に「理想の会社」を訊いたところ、こういう趣旨の回答をする人が多くいました。

雰囲気のいい会社が理想で、それは職場に笑いがあふれているかどうかで判断できる、とのこと。凍りつくような雰囲気の職場で働いている外国人って、けっこういるんですよ(苦笑)。

笑いの効果は万国共通です。笑いはお互いの心理的なカベを取り払ってくれますし、「人は笑った後のほうが、笑わなかった場合と比べて創造力が3倍以上もアップする」といいます。メンバー同士のコミュニケーションを活性化させ、職場の創造性を上げるためにも、あなたの職場でも、笑い声あふれる環境づくりを目指してみてはいかがでしょうか。

「でも、どうやって外国人を笑わせたらいいの?」

そんな声が聞こえてきそうです。

大丈夫、同じ日本で暮らす者同士、笑いのツボは大きくは変わりません。高度な日本語能力が必要な内容であればともかく、日本人にウケる話であれば、必ず外国人も笑います。それはおそらく、日本で生活し、日本の文化に触れるうちに、日本人と笑いの感性が近くなるからなのだと思います。私が接している外国人の中にも、日本語を覚えるためにお笑い番組を見始めて、どんどん日本の笑いにハマっていった人が何人もいます。なかでも「相手にツッコんで」笑いをつくるやり方は、とくに彼ら彼女らにウケがいいです。

あっ、それと40代以上の男性管理職の方にヒトコト。失笑を禁じえないオヤジギャグが若い女性に嫌われるのも万国共通です。この点にはくれぐれもご注意を。

2丁目

主張だらけ

行先

グローバル化できない
職場のマネジメント

半年に一度の評定フィードバック。課長の清水さんが、アメリカ人部下のスミスさんに今期の評価を伝えます。

清水課長「スミスさん、あなたの今期の評価はBでした」

スミスさん「えっ、なぜですか！　私はちゃんと個人目標を達成しましたよね。なぜA評価ではないのですか!?」

清水課長「チームへの貢献が少なかったので、そのぶんが減点となりました。来期は、もう少しチーム全体の仕事もやってくれたら評価を上げるつもりです」

スミスさん「『チームへの貢献』って何ですか？　具体的に何をすればチームに貢献したことになるんですか？」

清水課長「ええと、たとえばほかのメンバーが困っていたら助けてあげるとか……。あとは、まあ声をかけて励ましてあげるだけでも、部内の雰囲気づくりには役立つかもしれないね」

スミスさん「そんなこと職務記述書に書いてありましたか？　私は自分の役割はちゃんと果たしています。そんな理由で評価を下げられるなんて納得できません！」

清水課長「（アタフタした様子で）まあそう言われると、たしかにどこにも書いてないんだけど……。部長が先月から『全員野球』をスローガンにしたのを君も知ってるでしょう？　そうすると、こういった点も評価の対象になってくるんだよ」

スミスさん「そういったことは前もって言ってもらわないとわかりません。とにかくこの評価は受け入れられませんので、もう一度検討してください!!」

清水課長「そんなこと言われても……。もう評定会議で決まっちゃったんだよ。どうしよう、困ったなあ……」

あらら、清水課長、完全に押されっぱなしです。

日本人部下であれば、こんなフィードバックでも何とかなっていたのでしょうが……。

「外国人部下はやたら主張する」

日本人マネージャーから異口同音に発せられる言葉です。

なかなか納得しない。

ことあるごとに文句を言う。

自分が損することにはとくに感情的になる。

そんな部下に手を焼いている日本人マネージャーの多いこと、多いこと……。かくして今日も、予定外の説得に追われるハメに。ご愁傷さまです。

主張の背景にある3つの心理

日本で働く外国人はなぜ主張が多いのか。その背景をひも解くと、3つの心理が浮かび上がってきます。

①自分の評価にやたら敏感
②言ったもん勝ちの意識が強い
③仕事のやり方に不満や疑問がある

「主張が多い外国人 vs. アタフタする日本人上司」この構図はどうして生まれる？

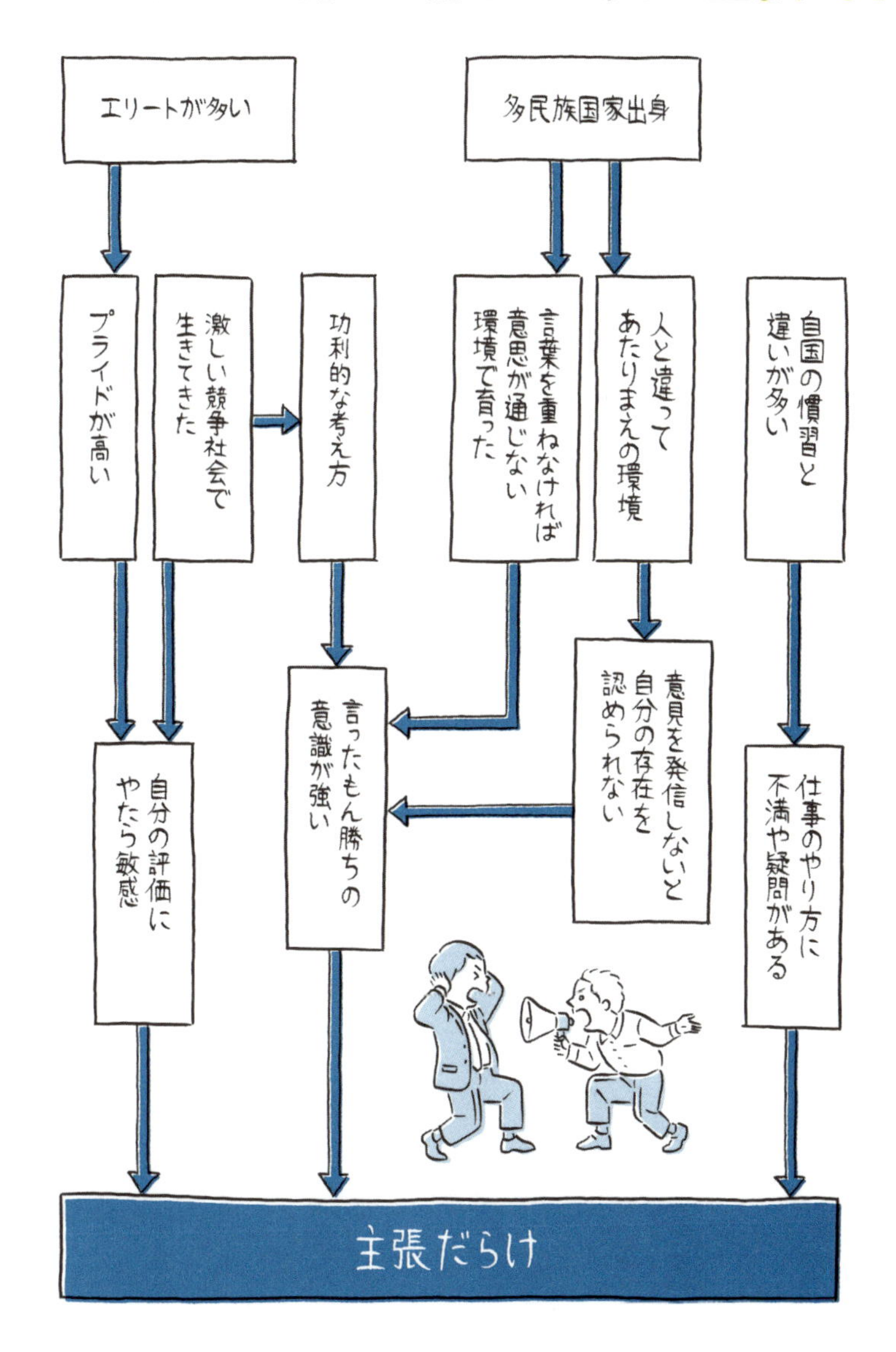

①自分の評価にやたら敏感

外国人材の主張が多くなる——それは、自分の価値が低く見られている時です。彼ら彼女らは、自分の評価にやたら敏感。メンツや名誉を守るためなら、いつ何時でも自己アピールに余念がありません。

それほどまでに評価を気にする理由は明白です。日本で働く外国人（とくに高度人材）の多くは自国のエリートもしくは上位層。人並み以上に高いプライドをもっています。そのため、低い評価に免疫がないのです。

また、激しい競争社会で生きてきたこともこの心理に影響を及ぼしています。欧米はもとより、多くのアジア諸国も総じて日本以上の競争社会。つねに熾烈な闘いに身をさらされます。

たとえば、中国人は高校時代に1日何時間勉強するか知っていますか？

答えは1日平均14時間。これが毎日続きます。大学入試でライバルに勝つため、この時期は一心不乱に勉強するのが中国人の日常です。

競争社会で生きてきた者にとって、負け組になることは何よりの屈辱。かくして相手が自分を評価しないとなれば、必死で抵抗を試みるのです。

②言ったもん勝ちの意識が強い

「いつもダメモトで要求を突きつけてくるんだよね。困ったものだよ……」

多くの日本人マネージャーから発せられる嘆き。主張をくり返す外国人材は、とにかく言ったもん勝ちの意識が強いように思えます。

たとえば中国には、こんなことわざがあります。

「けんかをしなければ友達になれない（不打不成交）」

共感を得るのは自分の考えをはっきり伝える人。中国人にとって、主張は正義なのです。

欧米人も同じです。

「きしむ車輪は油を差してもらえる（The squeaky wheel gets the grease.）」

これは主張を肯定する英語のことわざで、「きちんと自己主張すれば、見返りを得られる」といった意味。欧米流のコミュニケーションは、自分の考えや要求をはっきり伝えることから始まります。

このような性質のウラには、彼ら彼女らが生きてきた、次のような社会環境が背景にあります。

・多民族国家

・激しい競争社会

ほぼ単一民族の日本人は、お互いの価値観が近いため、調和を優先して言葉のぶつかり合いを避けようとする傾向があります。自分の発言によって相手がどういう感情を抱くのか先読みできるので、摩擦が生じる可能性が少しでもあれば、発言自体を控えてしまいます。

それに対し、多民族国家は言葉を重ねるのがキホン。自分と違う価値観をもった相手と対峙するケースが多く、相手が何を好んで、何を嫌がるのかが正確にわかりません。そのため、まずは自分の意見をストレートに口に出し、相手の反応を見ながら「次に何を言えばベストか」を考えます。つまり、多民族国家というのは、言葉を重ねなければ相手の考えがわからず、自分の意思も通じない環境なのです。

また、多様な価値観をもった人が共存する「まわりと違ってあたりまえの社会」なので、意見を発信しないと自分の存在を認められません。そうした社会にいる者にとって、自己主張は生きていくために必要不可欠な手段。「言ったもん勝ち」というよりは、「言わなければ勝てない」環境なのです。

また、激しい競争社会に身を置くと、人に勝つことが目的となり、功利的な考えをするようになります。人より優位になること、人から抜きんでることは当然で、競争に勝つためなら周囲からどう思われようがおかまいナシ。リターンやメリットを得られる可能性があるなら、「我先にやってみる」のが常道です。

「負けるが勝ち」なんて価値観もありません。負けてしまえばそこで終わりですから。


「とりあえず言ってみる」

「ダメモトでお願いしてみる」


日本人からみれば利己的とも思えるこうした言動をするのは、彼ら彼女らが競争社会で生きてきたことが影響しているのです。

③仕事のやり方に不満や疑問がある

「なぜこんなに時間にうるさいの？」

「なぜこんなに細かいの？」

「なぜいちいち報連相しなきゃいけないの？」


「日本で働く外国人が抱く会社の不満（仕事のやり方編）」のベスト3がこれ。この3つは、とりわけ自国の慣習との違いが大きいため、不満のモトになりやすいようです。

こんな時、日本人マネージャーが言ってはいけないNGワードがあります。それは……。


「会社のルールだから」

「昔からの決まりだから」


名づけて「郷に従えアプローチ」。ロクに理由を説明せずに、「ルールだから」のひと言で片づけてしまいます。このアプローチで逃げている日本人マネージャーはとても多いです。だって、説明の手間が省けてラクチンですから。

ルールを盾に「とにかく従え」と言われても、外国人材が納得するはずありません。そのルールの正当性が訊きたいのですから。納得のいく説明が聞けるまで、何度も疑問をぶつけてくるでしょう（もし説明を求めなくなったら黄信号です。不満のリミットを超えた部下の「もうすぐ辞める」サインかもしれませんぞ）。このように、上司に説明を求めて主張してくるケースは多くあります。

留意すべきは、必ずしも自分のワガママを通そうとしているのではないこと。そこは日本人マネージャーの説明能力が問われる場面です。


さて、こんな主張だらけの毎日をどうやって変えていきましょうか？

「ほめアプローチ」の3つのポイント

まずやっていただきたいのが「ほめアプローチ」。これがマネジメントのキホンです。ほめられてうれしくなるのは万国共通の理。人はほめられると、ほめてくれた相手に好意と感謝の念を抱くようになります。

外国人材はとりわけプライドが高め。どんどんほめ言葉をかけてください。評価に敏感な彼ら彼女らが、自己アピールのために主張してくるケースはグッと減るでしょう。

日本人の管理職は、部下をほめない人が多いといいます。何ごとも完璧主義の日本人は悪い点の改善を優先し、ほめることを思いとどまってしまうのです。実際、ビジネス誌がおこなった外国人ビジネスパーソンむけアンケート調査でも、「日本人上司への不満は何ですか？」という質問に、

「無口で何を考えているかわからない」

「こまめに声をかけてくれない」

といった回答が上位に挙がりました。上司からの期待や称賛の言葉を心待ちにしているのがわかります。

では具体的に、どんなほめ言葉が有効なのでしょうか。押さえるポイントは3つあります。

①プライドをくすぐる──「あなたは特別だ」

エリート意識が強い外国人材には、プライドをくすぐる言葉を投げかけましょう。

②功利的な考え方をくすぐる――「あなたはほかの人に負けていない」

激しい競争社会で育ち、功利的な考え方が強い外国人材には、仕事でリターンを得ていることを知らせるのがポイントです。

③仲間として受け入れたことを示す――「あなたは必要な仲間だ」

外国人材の多くは、異国の地で孤独や寂しさを感じています。そのため、仲間として受け入れたことを示す言葉をかけると喜びます。

ちなみに、これらはアメリカの心理学者ウィル・シュルツ博士が提唱した、「自尊心の3大欲求」にも対応しています。

- 自己重要感 ⬇ 大事な存在として認めてもらいたい欲求
- 自己有能感 ⬇ 有能と思われるような行動をとりたい欲求
- 自己好感 ⬇ 人から好かれたい欲求

先ほどの①〜③は、①が自己重要感、②が自己有能感、③が自己好感に対応しています。次ページに「外国人材に有効なほめ言葉例」を載せました。これらを参考に、あなたも外国人部下の心に刺さるほめ言葉を考えてみてください。

5回ほめて1回叱る（5対1の法則）

ほめアプローチを日常化させるとはいえ、終始ほめっぱなしでは効果がありません。話の途中で注意したり、叱ったりする場面をつくりながら、思いっきりほめてあげるのが理想です。

一般に、若手を指導する時のほめ言葉と叱責の比率は、3対1くらいが望ましいとされています。叱責を1つするなら、その3倍はほめ言葉をかけるという意味です。

もっとも外国人材の場合は、ほめ言葉の量をさらに増やし、その比率を5対1まで上げましょう。5回ほめて1回叱るくらいがちょうどいいのです。というのも、外国人には言葉の壁があり、場合によってはほめ言葉がほめ言葉として伝わらない可能性があるためです。また先述のとおり、外国人材は上司からの期待や称賛の言葉を心待ちにしています。そのため、日本人相手の場合よりも、グッとほめ言葉の量を増やすべきなのです。

☑ 外国人材の自己アピールを抑えるのに有効な「ほめアプローチ」

ほめ言葉サンドイッチ法

具体的なほめ方のコツは、次のように、前後2重のほめ言葉や期待の言葉で叱責・注意をはさみこむのがポイント。先ほど述べたとおり、ほめ言葉（①②④⑤）と叱責（③）の割合は、5対1くらいが目安です。

①結果をほめて
②プロセスをほめて
③建設的に叱って
④励まして
⑤期待の言葉を述べる

といった具合です。たとえば、こんな感じで部下をほめてみてください。

「①キムさん、今回の新製品企画のアイデアはよかったよ。さすが君は頭がいい！」

「②あんな切り口を考えるとは、サンプル調査をかなり綿密にしたはずだよね。ずいぶん成長しているじゃないか！」
「③ただ、ほかのメンバーともう少し協力してもよかったんじゃないか。君は何でも1人で抱え込みすぎる面があるよ」
「④でも君は能力が高いから、メンバーと協力する仕事もうまくこなせるようになると思う。これから徐々に、チーム内でリーダーシップを発揮してくれよ！」
「⑤とにかく、今回の企画内容は素晴らしかった。君がいてくれて本当に助かる。次回も期待しているよ！」

どうですか？　これだけポジティブな言葉を並べられると、部下の自尊心はまちがいなく満たされますよね。

ポイントは、クドクド言うこと（1丁目に続いてまた出てきました）。そして、プラスの表現で終わることです。締めの言葉がネガティブワードだと、言われた側の印象としては、マイナス要素のほうが強く残ってしまいますから。あくまで叱責や注意を、前後のほめ言葉ではさみこむのが鉄則です。

ただし、くれぐれも叱責の言葉はすっと流さないようにご注意を。終始ほめっぱなしの

☑ 外国人が食べてもおいしい！「ほめ言葉サンドイッチ」

印象にならないよう、③がしっかり伝わったのを確認してから、④、⑤に移るようにしてください。

私はこれを「(外国人材むけ) ほめ言葉サンドイッチ法」と名づけ、普段の研修でも日本人マネージャーのみなさんにおススメしています。内側の具材(叱責)より、外側のパン(ほめ言葉)が5倍も厚い、ずいぶんアンバランスな形状のサンドイッチですが(笑)……だれが食べても、味は絶品です。

ほめる時は声のボリュームを2割増しに

「あー、すばらしいなぁ(ボソボソ)……。よくがんばったね(ボソボソ)……。これからも期待してるよ(ボソボソ)……。来月もよろしく頼むよ(ボソボソ)……」

消え入りそうな声。無表情で淡々とほめ言葉を並べても……。もちろん、あまり効果はありません。ほめ言葉の効果を上げるには、その話し方も重要です。

ここで1丁目の復習を。外国人に伝わらない話し方の代表例は、「無表情」「ボソボソ」「滑舌が悪い」の3つでした。これはほめる時も同じです。「笑顔」で「大げさ」に「はっきりした口調」でほめなければ、相手に気持ちは伝わりません。

そこでやっていただきたいのが、声のボリュームを2割増しにしてほめること。意図的に声を大きくすれば、自然と口調がはっきりし、大げさに聞こえます。あとは満面の笑顔を心がければ完璧。あなたの気持ちは必ず相手に伝わります。

えっ、そんなに大げさにするとウソっぽくなるですって？　大丈夫。大事なのは、ほめようとする姿勢が伝わること。気持ちさえ通じれば、多少演技っぽくなっても相手は意気に感じてくれるはずです。

理由を3つ重ねる

またまた1丁目の復習を。外国人材に説明する時のポイント、それは理由・目的を伝えることでした。必ず「なぜ〜」を言わなければ、指示は正しく伝わりません。

主張に反論する場合は、さらに強力な理由が必要です。そうでなければ、外国人材の不満は解消できません。冒頭のケースも、清水課長は「チームへの貢献」や「全員野球」を理由にしようとしていますが……それではあまりにざっくりしすぎです。もっと説得力のある理由がほしいところです。

主張に反論する時は、次のように否定できないものを理由にあげるのが常道です。

・**社会科学上の知見やデータ**
・**法律**
・**正当に認証された基準**

冒頭のケースも、次のように言い換えれば説得力が増すでしょう。

「チーム全体の成績を個人評価に加味することは、期首の面談でも伝えましたよね。今期はチーム成績が予算を5%下回ったので、あなたの個人評価も5%下げました」

「そうは言っても、いつも強力な理由があるわけじゃないんだよな」と思ったあなた。次善の策として、理由を3つ探してみましょうか。1つひとつの根拠が軽めなら、量で勝負するのです。

「あなたの今回の提案は受け入れられません。理由は3つあります。期末で予算が厳しいから。営業部が反対する可能性が高いから。そして、○○さんの負担が増えてしまうからです」

本当は強力な理由があるのがベストなんです。ただ1つひとつは軽めでも、このように3つも重ねれば、否が応でも説得力が生まれますよね。

なお、先述のとおり、理由を「これはルールだから」のひと言で片づけるのはNGです。もしルールを理由に持ち出すのであれば、ルールを守ることで「無駄なコストが削減できるから」「社員全員が気持ちよく働けるから」というように、そのルールの「正当性の根拠」を伝えなければなりません。

例外をつくらない

冒頭のケース。清水課長は、最後にとんでもないNG対応をしてしまっています。それは、結論がブレていること。「どうしよう、困ったなあ……」なんて口が裂けても言ってはいけません。相手につけ入るスキを与えてしまいますから。最後までブレずに、毅然とした態度を貫く必要があります。

ここでもし、「では例外的に……」なんてやってしまったら最悪です。外国人材は、ロジックが破綻しているとみるや、ブワーッと責め立ててくるでしょう。一度でもブレのある運用をしてしまうと、その矛盾をついて、毎回のように手心を加えるよう求めてくるはずです。ある意味、上司と部下の立場が逆転してしまう可能性だってあります。例外をつくるのは、最悪の対応と心得るべきです。

最後に、まとめの一句を。

例外を　つくればそこで　終わりです　足元みられ　つけこまれます

結論オウム返し法

最終的には主張にNOを突きつけるにしても、その反論の仕方も重要です。

競争社会を生きてきた外国人材は、プライドも人並み以上。そのため、意見を全否定するのは考えものです。自分の主張がまったく相手にされなければ、いくら上司の説明に説得力があっても不満が残るでしょう。

そこで試していただきたいのが、「結論オウム返し法」。最初に相手の意見を受け入れた後に、「こちらのほうがもっといいのでは」と逆提案を投げかけるやり方です。具体的には、次の順に述べていきます。

①結論の肯定
②受け入れられない理由
③代替案

この切り返しであれば、彼らのプライドを傷つけることなく、建設的な反論や説得ができるようになります。

外国人部下「ベトナム市場の販促活動は、ハノイから先に進めるべきです」
日本人上司「なるほど。ハノイから先に進めるというのは面白い発想だね。たしかにハノイには有望な見込み客が多いからね。ただ残念だけど、いまはハノイ営業所のスタッフが手薄でね。あとスケジュール的にも予算的にも厳しいんだよ。ホーチミンで実績をつくってからハノイを攻めたほうが失敗のリスクも下がるから、やはりホーチミンを先にしようと思う」

☑ 相手が反論を受け入れやすくする「結論オウム返し法」

A案を早くやるべきです

私もA案は早くやるべきだと思う

① 結論の肯定

ただA案はコストが高いし時間もかかる。人も足りない

② 受け入れられない理由

だからB案を先にやろうと思う

③ 代替案

いかがでしょう？　これなら部下も気持ちよく引き下がれますよね。

人はだれしも、自分を認めてくれる相手には好意とシンパシーを感じるもの。まずは部下の意見をきちんと受けとめてあげることが肝要です。

「今週の評価」をフィードバックする

外国人材に難しいフィードバックをする場合、一度ですべてを終わらせようとしても、かんたんに受け入れられるとは限りません。とりわけ評価に関しては、そうやすやすと悪い評価を受け入れることはないでしょう。普段からこまめに説明をくり返し、あらかじめ主張の芽を摘んでおくのが賢明です。

そのため、評価は週に1回フィードバックするのが理想です。なかなか納得しない可能性のある外国人材には、これくらいこまめに説明する必要があります。1回10分程度でかまいません。週末にフィードバックタイムを決めて部下を呼び出し、「今週の評価」を伝えるようにしましょう。

「ソンポンさん、今週のあなたの評価を伝えます。第1作業はとても丁寧で完璧でした。

お客様アンケートでも満点をもらいましたよ。ただ、第2作業はちょっと時間がかかりすぎでしたね。いつも機敏なあなたらしくないですね」

多くの職場では、半期に一度の評定面談の時ぐらいしか評価をフィードバックすることがないため、とかく「上司の評価」と「部下の自己評価」にズレが生じがち。そのズレを、普段からこまめに修復しておくのです。加えて、外国人材が仕事のやり方に不満や疑問を感じているのなら、この場を利用して不満の解消を図るのも有効な手です。

ちなみに私のクライアント先のなかには、「今週の評価」を10点満点の点数で伝えている会社があります。「全体的にはイマイチだけど、まあいいか」といった、良いか悪いかわからない伝え方をする日本人上司がいたので、評価を必ず数値で示すようにしたのです。これによって、上司と部下の認識に齟齬がなくなり、フィードバックの実効性が上がりました。日本人上司の伝えるスキルが低い場合は、このように評価を点数化してフィードバックしたほうがいいでしょう。

えっ、そんな時間はなかなかつくれないですって？ いいですか。部下が評価に不服を唱えたら、どれだけ説得に時間がかかるかわかりませんよ。むしろこのやり方のほうが効率的なことに気づいてください。

「主張は悪」の考えは捨てよう

ここまで、「主張は悪」の立場に立って議論を進めてきました。たしかに部下の主張にいちいち対応するのは面倒くさいもの。とくに評価のフィードバックに関しては、金とプライドが絡むだけにホントやっかい……。その意味で、上司にとって部下の自己主張はネガティブ要素かもしれません。しかし、そもそも社内で主張をぶつけ合うのは悪いことなのでしょうか？

じつは、日頃から社員の活発な意見が飛び交う会社ではイノベーションが起こりやすい、と言われています。新たなアイデアを生み出すうえで重要なのは、既存の枠組みや常識に疑問をもつこと。すでに存在する価値観や考え方に、

「なぜそうなのか？」
「もっといいやり方はないのか？」

と疑問をもつ姿勢があるかどうかで、結果は大きく変わってきます。不満や疑問があっ

ても発信しない集団より、つねに主張をぶつけ合う集団のほうが、新たな発想の芽が育まれやすいのです。

主張のすべてが悪ではありません。内容によっては、むしろプラスの効果をもたらします。社内を活性化し、イノベーションを起こすためにも、建設的な主張を受け入れる職場環境をつくっていきましょう。

いまのうちから「異論があたりまえ」の職場環境をつくる

もしあなたの職場が、これから外国人材の数を増やし、多様化を進めていく段階にあるのなら、いまのうちから「異論があたりまえ」の環境をつくっておいたほうがいいでしょう。職場を異文化仕様にして、主張したり、されたりすることへの免疫力を高めておくのです。

日本の組織は同調圧力が強く、人と違う意見を言ったり、場を乱すようなことをしたりすると、とたんに周囲から変な目で見られます。また日本人は摩擦や衝突を避けようとする意識が強く、不満があっても自分の感情を抑えてしまう傾向があります。そのため、職場では上司に異論を唱えない人が多く、会議やフィードバックもたいていは予定調和で進みます。

この点で、日本人部下のマネジメントはとてもラクチンでした。部下に自分の意見を真っ向から否定されることが少なく、説得や説明に時間をかける必要もなかったですから。

ただ、このままでは（主張だらけの）外国人部下が増えてきた時に立ちいかなくなるのは明らかです。批判や反論を受けた経験がなければ、異文化のマネジメントなんてとうていおぼつかないでしょう。

そこで、異論を言ったり、言われたりする機会を日常化し、主張があたりまえの職場環境をつくっておくことをおススメします。具体的には、次のようなルールをつくり、自身も含めた日本人メンバー全員で徹底するのです。

メンバーの発言時のルール

- 朝礼やミーティングで自分の意見を発表する時に、「とくにありません」はNG
- 日常会話のなかで、「私の考えは～」を口ぐせにする
- 会議中は、「〇〇さんと同じ考えです」というフレーズは禁止。必ずほかの人が述べ

ていない発言をする
・ほかの人の意見に賛成の場合でも、賛成の理由について独自の見解を述べる
・相手の意見に納得できない場合は、とことん「なぜ？」の質問をくり返す
・厳しい意見をぶつける時に、固い表情はＮＧ。柔和な表情を心がける（こうしないと、言われた相手にわだかまりが残る可能性があるため）

また、メンバーから意見が出された後の上司のリアクションも重要です。メンバーが次回から主張しづらくならないよう、上司は次の点に留意してください。

上司のリアクションの留意点

・新たな意見が出された後は、どんな内容でもまずは肯定的な言葉（ほめ言葉、感謝の言葉）で返す
・反論する時は、理由を3つ重ねる（66ページ参照）
・反論する時は、「結論オウム返し法」を使う（69ページ参照）
・自分の考えを否定する意見を言われた場合でも、けっして感情的にならない

最後に、私が考えたこの格言で話を締めます。

「異常」も慣れれば「日常」になり、馴染めばそれが「正常」になる

主張だらけの職場は、これからの時代に求められる「正常」なありようです。主張が「異常」の状態は早く脱し、まずは主張を「日常」にする、こうした職場環境づくりをしていきましょう。

政治の話題は避ける

COLUMN 

「外国人材との会話で避けるべきテーマは？」

こう訊かれて真っ先に思いつくのが「政治の話」。とにかく政治の話題はタブーと心得るべきです。

どんな国籍の人でも、母国への愛国心をもっているもの。自国の政治を部外者からあれこれ指摘されるのは気分がいいものではありません。たとえその意見が正しかったとしても、「関係のないあなたに言われたくない」とばかり、感情的に反論してくるはずです。「あなたの国の政治はすばらしい」と、ほめるケースであれば問題ないかもしれませんが……。政治の話題でポジティブな意見が出ることなんて、まずないですよね。

国ごとにも、政治の話題をタブー視する個別事情があります。たとえば、中国の場合。「世界中どこにいても中国共産党の監視下にある」とは、知人の中国人ビジネスマンの見解ですが、9000万人以上いる共産党員に知られることを恐れて、中国人はけっして政府の悪口を口にしないのだとか。中国人が政治に無関心そうに見える（実際はそうではないのですが）のは、こうした社会事情があるのです。

ちなみに、外国人材と宗教の話をするのはタブーではありません。宗教が生活のベースになっている人が多く、彼ら彼女らはむしろ「自分たちの宗教的慣習を会社に理解してほしい」と考えています。そのため、みずから率先して信仰する宗教の話をし始める人も多くいます。

たとえ宗教の話を振っても、外国人材から「〜ハラスメント」なんて言われることはありませんのでご安心を。

3丁目

チームワーク不全

行先

グローバル化できない
職場のマネジメント

実力は折り紙つきの精鋭ばかり、でもつねにバラバラ……

とある貿易関連企業のオフィスにて。5年前から外国人材の採用を始めたこの会社、最近では外国人材の存在感が確実に増しています。アジアの新規事業をおこなう高村マネージャーのチームにも、この1年で新たに4人の異文化メンバーが加わりました。

- 陳さん（中国人　27歳　入社5年目）
- 周さん（香港人　26歳　入社3年目）
- パクさん（韓国人　29歳　入社2年目）
- ファンさん（ベトナム人　22歳　入社1年目）

それぞれ実力は折り紙つきの精鋭ばかり。若くて優秀なメンバーがチームに刺激と活気をもたらしてくれる、と思いきや……。つねにバラバラで仕事をするので、チームに一体感が生まれません。強いチームをつくりたい高村マネージャーの思いとは裏腹に、こんなトホホなシーンが日常的に起こります。

シーン1　外国人社員間のフォローがなく新人がアタフタ

終業時間の17時30分。陳さん（中国人）がパソコンの画面を閉じ、そそくさと帰り支度を始めます。ふと見ると隣の周さん（香港人）も、それに続くようにデスクを片づけ始めました。2人とも、さも当然といった表情で、後ろめたい様子はまったくありません。

傍らでは、ファンさん（ベトナム人）が悪戦苦闘中。デスクの上には、今日中に片づけなければならない未処理の書類が積まれています。入社1年目で仕事に慣れていないこともあり、なかなか手際よく作業をこなせないようです。

見かねた高村リーダー。帰ろうとする2人に声をかけます。

「あのさ、ファンさんが大変そうだから、帰る前にやり方のコツを教えてあげてくれない？」

それを聞いた2人。普段はあまり会話をしないにもかかわらず、この時ばかりは示しあわせたように答えが同じです。

「終業時間になりましたので、今日は帰ります！」（きっぱり）

「おいおい、なんで仲間を助けようとする気がないの!?」高村リーダー、心のなかでそう叫ぶも、それ以上は何も言えず。結局、ほかの日本人スタッフがファンさんをフォローすることになりました……。

シーン2　意地の張りあいで仕事が遅れる

高村リーダー「そういえば、陳さんとパクさんの2人に頼んでおいた件の報告がないけどどうなった？　昨日までに調査しといて、って言ったよね？」

陳　　　さん「私の担当分は終わっています」

高村リーダー「あぁ、そうなの。じゃあパクさんは？」

パ　ク　さん「第3項目の調査に思ったより時間がかかっていまして……。もう少しだけ待ってください」

高村リーダー「あのね、パクさん。わかんないことがあったら陳さんに教えてもらいなよ。この仕事をこれまで何度もやっているんだから。陳さんも、なんでパクさんに教えてあげないの？」

パ　ク　さん「大丈夫です。これくらい自分1人でできます」
陳　さん「パクさんがこう言っていますので、私から教えることはありません」
高村リーダー「まったく、もう。もっと2人で協力してやれないものかな……」

チームワーク不全。外国人材が複数いるチームによく見られる事象です。

仲間の仕事を手伝うのはもちろん、仕事を訊いたり、教えあったりすることもあまりナシ。チーム内での報連相がなく、ほかのメンバーが何をやっているかわからない、なんてことも。それではチームに一体感が生まれるはずがありません。なにせ、とにかくバラバラなのですから。

稲作文化の起源をもつ日本人のＤＮＡには、「助けあいの精神」があります。仲間が困っていれば助けてあげるのがあたりまえ。時には自己犠牲を払ってでも、チームやほかのメンバーに尽くすことだって厭いません。こうした互助の意識が強い日本人からすれば、先ほどのような外国人材の言動には違和感を覚えます。

いまはまだ、外国人比率が1割未満の職場が多いのでどうにか抑え込めていますが……。その比率が3割、5割、と上がっていったら職場がどんな雰囲気になるのか。なんとも空恐ろしい限りです。

チームワーク不全には外国人材特有のワケがある

外国人材はなぜこうした言動をするのでしょう？

何が日本人と違うのでしょう？

じつは、ここにも日本にはない固有の文化や歴史的経緯が、複雑にからみあっているのです。

①個人プレー至上主義

チームワーク不全の職場にはコミュニケーションが足りません。メンバー間での報連相や情報交換がなく、会話の絶対量が不足しています。

背景にあるのは、自分1人で仕事を完結させようとする意識。「個人プレー至上主義」とでも言うべきでしょうか。多くの外国人材は、だれかに頼って仕事をしようなんて考えていません。

理由は「高いプライド」。エリート意識が強くて自信家の外国人材には、いちいちだれ

☑ 外国人材に「協力」「団結」を訴えても通じないのはなぜ？

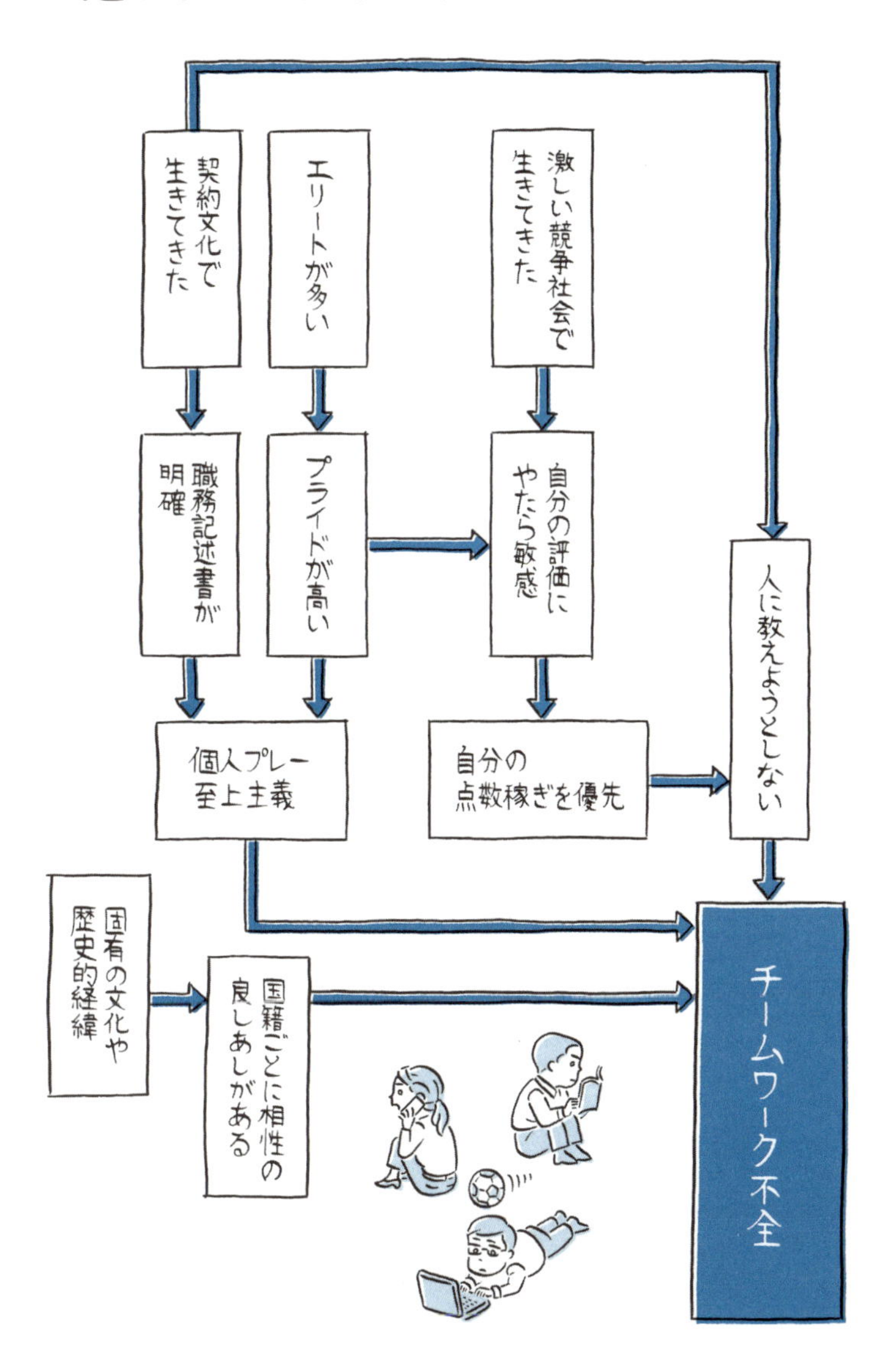

かに助けてもらおうなんて発想はありません。彼ら彼女らの辞書に「困った」「助けて」の文字はないのです。

もう1つ。個人プレーに走ろうとする背景には（母国ではあたりまえの）「仕事は契約に基づく」という考えがあります。仕事は職務記述書や雇用契約書に記され、そこに書かれた職務のみをまっとうするのがキホン。職務記述書にない他人の仕事を手伝おうとはしませんし、逆に自分の仕事をだれかに手伝ってほしいとも考えません。彼ら彼女らの頭のなかで、自分に与えられた「権限・責任」と「成果・報酬」の関係が明確になっているからです。

②国籍ごとの相性がある

チームワーク不全の理由を別の観点から分析すると、国籍ごとの相性や固有の文化的慣習が関係をギクシャクさせているケースがあります。たとえば台湾人、香港人、ベトナム人は、中国人との相性があまりよくありません。歴史的経緯や政治状況から、両者の間には深く交じりあえない心理的なカベが存在しています（もっぱら台湾人、香港人、ベトナム人のほうから一方的に設けているカベですが）。

また、儒教の精神が根づいている韓国人は、相手が1歳でも年上であれば敬意を表そうと考えます。肩書を気にする日本人に対し、韓国人はとにかく年齢にこだわるのです。そのため「年上の部下／後輩」や「年下の上司／先輩」との関係はデリケートになりがちです。冒頭のケースでも案の定、パクさんにとって陳さんは「年下の先輩」でした。韓国ではこのようなシチュエーションが最も関係をギクシャクさせます。

次ページの図で、国籍ごとの相性や関係性を一覧にしました。チームメンバーの組みあわせを考える際、参考にしてください。ただ、これはあくまで一般論であり、例外も数多くあることはくれぐれもご承知おきを。

③激しい競争社会で生きてきた

「なんで教えないといけないんですか？」

商社に勤める私の知人がアメリカ人部下に新人の指導を命じた時、開口一番こう言われて面食らったそうです（苦笑）。

激しい競争社会で生きてきた、外国人材特有の意識。それは、自分の点数稼ぎを優先し、人に教えようとしないことです。

☑ 歴史的経緯や政治状況、文化で国籍ごとに相性がある場合も

歴史的経緯から、台湾人が中国人を敬遠する傾向がある。台湾人は、中国人といっしょくたにされるのを最も嫌がる。

歴史的経緯から、香港人が中国人を敬遠する傾向がある。香港人は、中国人といっしょくたにされるのを最も嫌がる。

歴史的経緯や近年の政治状況から、ベトナム人が中国人を敬遠する傾向がある。

中国人　出身地の違う中国人

同じ中国人同士でも、出身地が違えば最初は交わろうとしない。とりわけ、上から目線の上海人が、ほかの地域の出身者から嫌われている。

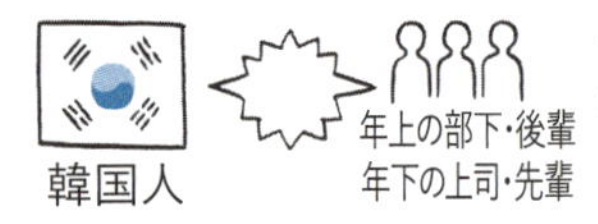

年上を敬う文化のため、年齢と肩書の逆転現象が起こっている場合は関係がギクシャクしやすい。

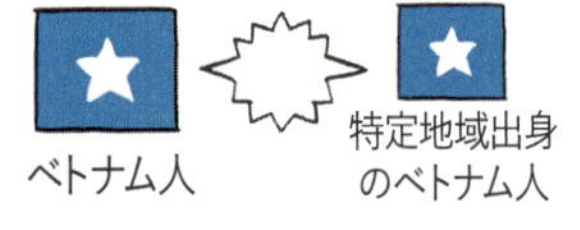

Thanh Hoa（タインホア）省の出身者は、他のベトナム人から敬遠されている。信用できない人間が多いということらしい。
※Thanh Hoa省出身者は日本でも多く働いている

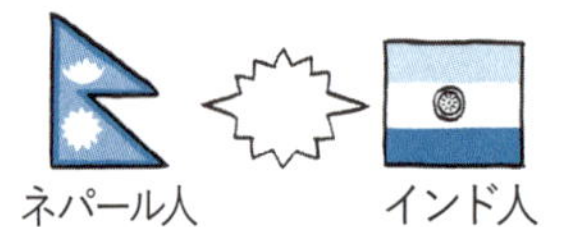

ネパール人がインド人を敬遠する傾向がある。インド人がネパール人に、上から目線で接することが理由。

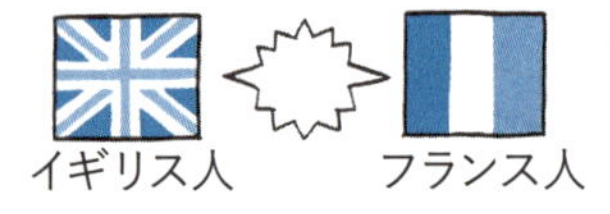

戦争をくり返してきた歴史的経緯から、両国人の間には感情的なしこりが残っている。

「同じチームのメンバーとはいえ、自分のポジションを奪う可能性のある相手にはノウハウを教えたくない」

そういう考えから、自分の情報や人脈をガッチリ抱え込んでしまうのです。
このようなスタッフがいるチームの先行きは目に見えています。

教えようとしない ⬇ 相互不信 ⬇ コミュニケーションが深まらない

そうなって、いつまでも真のチームワークが育まれない可能性が高いでしょう。まあ、いいことナシ！
とはいえ、これは人間同士のコミュニケーションの問題。解決は一筋縄ではいきません。いくつかの対応策を1つひとつ積み重ねるしかないでしょう。では、どんな対応策があるのか？　5つの処方せんをご紹介します。共通するキーワードは「しくみ化」と「ルール化」。メンバー同士が、否が応でもコミュニケーションをとらなければならない強制の契機をつくるのです。

報連相は具体的にルールを決める

職場にコミュニケーションが足りないのであれば、そのような場やルールをつくっていきましょう。メンバー同士の情報交換を定常業務に組み込んでしまうのです。

まずは報連相を見直してみましょう。報連相の頻度を増やすだけでも、1人で仕事を完結させる意識や情報を抱え込もうとするスタンスは変わっていくはずですから。

たとえば、普段あなたは外国人材にこんな指示の仕方をしていないでしょうか？

「できるだけ多く報連相をしてください！」

こんな言い方をしていたら、おそらく彼ら彼女らはいつまでたっても声をかけてこないでしょう。指示の内容が漠然としており、いつどんなタイミングで報連相すればいいかわからないからです。1丁目でも強調したとおり、以心伝心や察する文化を外国人材に期待してはいけません。

報連相を求める際のポイントは、きっちりルール化すること。タイミングや頻度を数値で示し、内容もそのつど具体的に指定するのです。

「次の部内報連相タイムは金曜日の10時から。業務改善プロジェクトの結果を報告してください」

「週に最低2回は必ず報連相をすること。1回は業務の進捗状況の報告、もう1回は業務の困りごとを相談してください」

こんなふうに具体的な数値と内容を示し、強制力をもたせなければ行動につながることはありません。くれぐれも「問題が起こったら」「困ったことがあったら」なんて指示の仕方をしないでくださいね。プライドの高い外国人材はギリギリまで隠し続ける可能性がありますから。

つねに現状を正しく把握するために、進捗状況をくわしく報告せざるをえないルールをつくってしまうのが鉄則です。これで、個々が取り組んでいる仕事内容をメンバー全員が共有できるメリットも生まれます。明日からさっそくお試しください。

☑ 外国人材に報連相を求めるなら、スキのないルールづくりを！

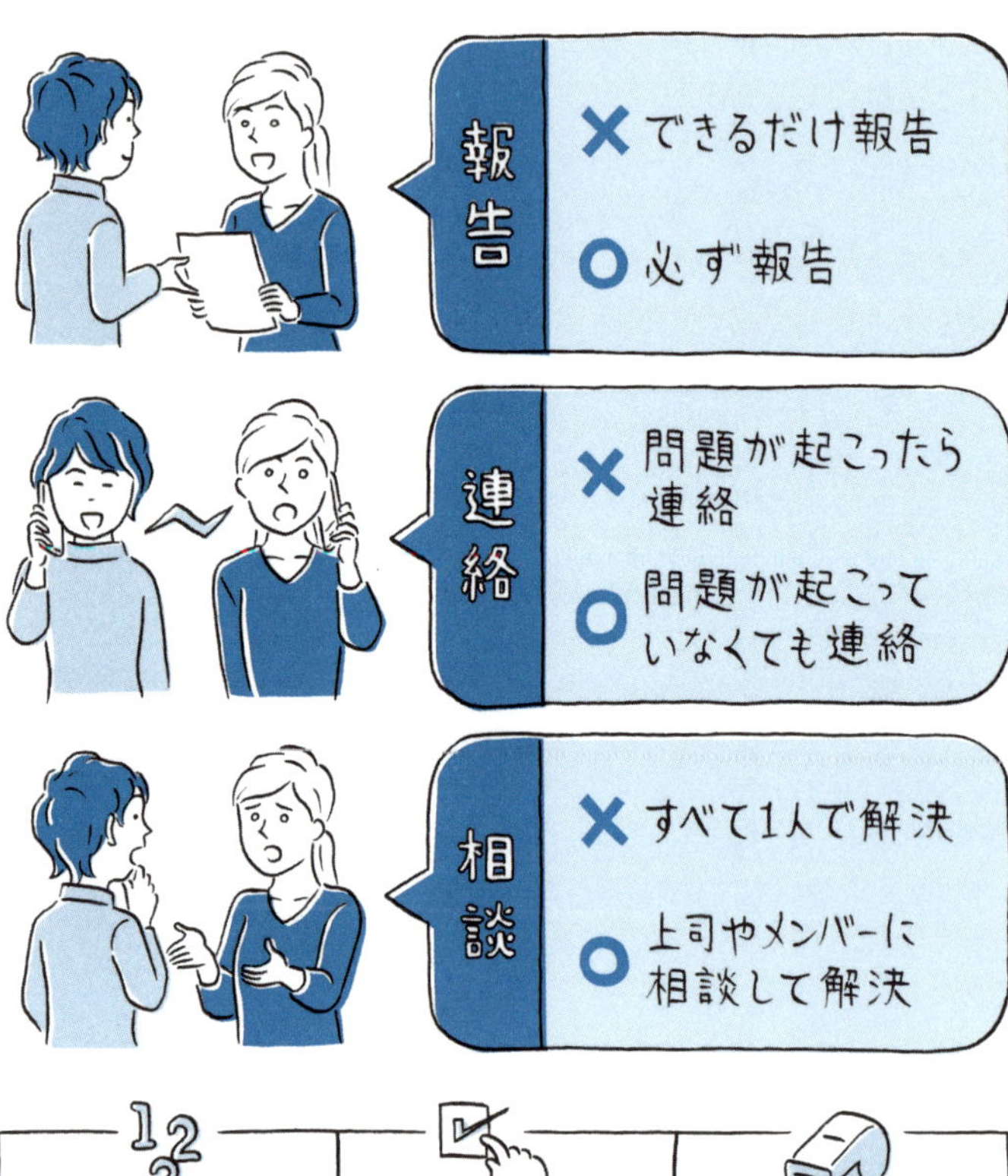

タイミングや頻度を数値で示す	毎回、内容を具体的に指定する	強制力をもたせる
例	例	例
「金曜日の10時から」 「週に最低2回」	「業務改善プロジェクトの結果について」	「必ず進捗状況の報告をする」

共通の仮想敵をつくる

チームの連帯感を醸成するには、メンバー全員が「チーム全体の目標」と「それによって受けられる恩恵」を共有している必要があります。

・チームの目標は何なのか、具体的にどのくらいの数値か
・目標を達成すると、チームに何が起こるのか
・各メンバーにどんなメリットがあるのか

まずは、ゴールを定め、その内容をメンバーにしっかり認識させることが、チームを一体化させるうえでの大原則です。たとえば、

「わがグループの今期の目標は、前年比15%増の売上を達成すること」

「これを実現すると全国最優秀グループに選ばれるのはまちがいありません」

「最優秀チームになれば、全員に一律10万円の特別ボーナスが支給されます！」

こんなふうに、ゴールをメンバー全員に共有させるのです。

もっとも、競争社会出身で評価に敏感な外国人材のこと。なかには抜けがけする者が出てきます。ゴールを認識しても、周囲と協力せず、個人プレーに走る者はいるでしょう。

そこで、外国人材のチーム意識を高めるために、より効果の高い目標設定法をお教えします。それは「メンバー共通の仮想敵」をつくることです。

- **しのぎを削るほかの部署**
- **シェア争いをするライバル会社**
- **すぐにクレームを言ってくるイヤな客**
- **抜き打ちで査察をしてくる役所**
- **口うるさい創業社長**

こういった相手を仮想敵とし、敵に勝つことをチーム目標の1つに掲げるのです。共通の仮想敵がいると、メンバー同士の相互依存度や共感性が高まり、チームの連帯感につながります。目標が「チーム全体で15％増の売上を達成する」であれば、抜け駆けして個人プレーに走る可能性はありますが、「共通の敵に勝つ」であれば、否が応でも周囲と協力

☑「共通の仮想敵」でチームが一致団結!

するようになるでしょう。

あと、言わずもがなですが、くれぐれも上司のあなたが「共通の敵」になってはいけません よ。メンバーの結束力はまちがいなく高まるでしょうが……。チームワーク不全よりはるかにやっかいな、「マネジメント不全」に陥ってしまいますから(笑)。

全員の前で自己紹介プレゼンをしてもらう

私たちは特定の国の人を評価する時、

- **いままで出会った同国人がどんな人か**
- **自分がその国でどういった経験をしたのか**

という点で相手を判断しがちです。「彼は○○人だから……」とか「○○出身だから……」といったレッテルで、つい個人の性格や能力まで決めつけてしまいます。

そして、いったん「○○人はこうだ」とレッテルを貼れば、そのイメージから逃れられなくなります。一度抱いてしまった先入観が、思考の柔軟な軌道修正を妨げてしまうからです。

当然ですが、どんな国にもいろんな人がいて、素晴らしい人もいればそうでない人もいます。先ほど述べた外国人材同士の相性は、まさに国籍や出身地のレッテルがもたらすコミュニケーション不全。ろくに相手を知ろうとせずに、最初から心理的なカベを設けてしまっています。

そこでおススメするのが、1人ひとりがメンバー全員に自己紹介する時間をつくること。業務のなかでほかのメンバーを知る機会を設けて、お互いの先入観や思い込みを払拭させるのです。私のクライアントのなかにも、週に一度の全体ミーティングの際に、メンバーが輪番で自己紹介プレゼンをする時間を設けている会社があります。

- **（1回目）自分の出身地の紹介**
- **（2回目）日本に来た理由**
- **（3回目）最近ハマっているもの**

これはその会社で実際に課されたプレゼンテーマ。こういったプライベートに関するテーマを設定し、全員の発表が一巡したらテーマを変えていきます。

☑ 先入観や思い込みのレッテルをはがす「自己紹介プレゼン」

注意すべきは、テーマを仕事以外の話題にすること。仕事に関する内容だと、ここでも点数稼ぎに走る者が出てきますので。仕事に関する発表は部内報連相タイムの際におこない、ここではあくまで「人となりを知ってもらうための話題」をテーマに設定します。

あと、一過性の試みにしないことも重要です。メンバーの発表が一巡したらそれで終わり、ではダメ！　半年以上は続ける必要があるでしょう。

これで「彼女には意外な一面があるんだな」とか「彼とは気があいそうだ」といったふうに、メンバー間に思ってもみなかった印象形成が起こります。メンバー同士の先入観や思い込みを取り払うために、一度やってみる価値ありです。

仕事外のコミュニケーションの機会を増やす

ほかのメンバーの人となりを知り、先入観や思い込みを取り払うには、仕事外でコミュニケーションの機会を増やすのも有効な手です。２０１４年の産労総合研究所の調査によると、社員旅行や運動会などの余暇・レクリエーション行事を実施している企業の割合は82％。そのうち8割以上の企業が「横の関係のコミュニケーション活性化につながっている」と、その有用性を認めています。チームワークを醸成するうえで、こういったインフォーマルコミュニケーションが有効なのはたしかなようです。

「とはいえ、いまの若者は仕事以外のつきあいを嫌がるのでは？」

そんな反論の声が聞こえてきそうですが、大丈夫。それは日本人の場合です。

1丁目でも述べたとおり、日本で働く外国人の多くは、異国で寂しさを感じている「かまってちゃん」。本質的には人とのつながりを強く求めており、日本人の若手よりこうしたイベントへの参加に積極的です。母国でなかなか経験できないイベントであれば、むしろ率先して参加しようとするでしょう。

あ、それと「飲みニケーション」も意外に使えます。（欧米系はともかく）アジア系の外国人材は、概して日本人の若手よりは飲み会に前向き。もちろん男女差や国籍差はありますが、「自分を仲間として認めてくれている」と喜ぶ人が多いです。一度試しに声をかけてみてはいかがでしょうか。ただし、なかには宗教上酒が飲めないスタッフもいるので、アルコールNGの人でも楽しめる店を選ぶ配慮はお忘れなく。

「仲間に協力したほうが評価は上がる」と思ってもらえる制度をつくり、くり返し伝える

コミュニケーションを深める場やルールをつくっても効果が現れない場合。最後の切り札は、制度に手を加えることです。評価に敏感なのであれば、チームワークが評価につながるような制度をつくればいいのです。

- チーム全体の目標達成度が、個人成績に占める割合を高くする
- 個人の評価基準に占める、チーム貢献度の割合を高くする
- ほかのメンバーとの協働度合いを評価ポイントに加える

こういった、チームへの貢献が加点になるような項目を評価基準に取り入れます。そして、「仲間の協力をしたほうが君の評価は上がるんだよ」とくり返し伝えれば、効果テキメンです。すぐにメンバー同士の会話量が増えるでしょう。ある会社でも、もともと評価項目にあったチーム貢献度の加点割合を増やしたところ、メンバー同士で声をかけあう頻

度がグンと増えたといいます。

「人の行動はインセンティブで決まる」のは万国共通。要はメリットさえあれば、どんな多様性のあるメンバーでもチームワークは生まれるものなのです。

COLUMN

アジアの若者のなかには200万人の天才がいる

「若者」の定義を、国連基準にそって15歳から24歳までとし、人口の0・38％といわれるIQ140以上を「天才」と呼ぶとすれば、東アジアとASEAN地域だけで200万人を超える天才がいる計算になります。ちなみに日本人の若者のなかに、この天才に該当する者は5万人程度しかいません……。

アジアには若者が数多くいます。たとえば、ASEAN10か国の平均年齢は29・1歳（2015年）で、人口の4分の1以上が若者です。平均年齢が46歳を超えた日本と比べても、その若さは圧倒的と言ってもいいほどです。アジアはまさに、これからの時代を担う人材の宝庫なのです。

近年、日本を目指すアジアの若者が激増しています。日本で働くアジア系人材の数は約110万人（2018年）。ここ数年、過去最高を毎年更新しています。このなかに先述の天才がどれだけ含まれているかわかりませんが、少なくとも日本人にはない天才的な能力をもった若者が数多くいることはたしかです。

私は普段、アジア人留学生と接する機会が多いのですが、彼ら彼女らは総じて日本人学生より優秀です。向上心とハングリー精神にあふれ、何ごとにも主体的に取り組み、自己アピール能力にたけています。授業の課題でディベートやプレゼンテーションを課しても、トップになるのはきまって留学生。もちろん英語でやっているわけではありませんよ。日本語で競っているにもかかわらず、日本人学生がいともかんたんに負かされてしまうのです。

そういえば以前、私がコンサルで関わった中小企業の社長さんも、社員の採用に関してこんなことを言っていました。

「面接を受けに来た学生がたまたまタイ人で、同じタイミングで面接した日本人学生より優秀だったので採用しただけのこと」

「とくに日本人だからとか、外国人だからといった点は考えませんでした」

最近、こういう考えの会社がとても多くなっています。

これから私たちが対峙していく外国人材のなかには、こうした天才的な能力をもった若者が少なからずいます。単なる「日本人労働者の代わり」と考えていたら対応を誤ります。外国人材を生かすも殺すもマネジメントしだい。だからこそ、日本人上司のマネジメント能力の向上が、今後ますます重要になってくるのです。

4丁目

空気を読めない

行先

グローバル化できない
職場のマネジメント

日本の職場に巣くう「暗黙のルール」

とある専門商社で働く入社1年目の2人が、今日もまたこんな「ルール破り」を犯してしまいます。

「否定しない＝賛成」と捉える（アメリカ人社員・トーマスさんのケース）

アメリカ人社員のトーマスさんが勤める会社は、社員の提案を積極的に推奨しています。提案の場は月に一度の「プレゼン会議」。提案を評価するのは事業部長の役割です。ただし、いまの事業部長は部下の意見を尊重し、どんな意見も否定しないタイプ。そのため、プレゼンテーターは事業部長の言葉のニュアンスで、自分のアイデアがどう評価されたかを判断するのが通例になっています。

トーマスさん「この企画をぜひ採用していただきたいのですが、いかがでしょうか？」

事業部長「迫力あるプレゼンでしたね。とても印象に残りました。内容的にはコスト面がちょっと厳しいと感じましたが……。切り口は参考になりました。将来的には検討してもいいアイデアだと思います」

トーマスさん「ありがとうございます！　では、コスト面を改善すれば採用していただけるということでしょうか？」

事業部長「ま、まあそうだねえ……」

トーマスさん「将来というのは、いつ頃のことですか？　私としては、来年度から開始したほうがいいと考えているのですが」

事業部長「ま、まあそこは、具体案しだいだよ……」

トーマスさん「では、これからさっそくコスト面を改善させた修正案をつくりたいと思います。来月のプレゼン会議で、あらためて具体案を発表してもいいですか？」

事業部長「いや、だからそれは……（おいおい、空気を読んでくれよ！）」

繁忙期でも長期休暇をとる（中国人社員・周さんのケース）

中国人社員の周さんが勤める会社は、忙しくなる決算月に長期休暇を取らないのが「暗黙のルール」になっています。だれかが休むとほかのメンバーのモチベーションが下がってしまうことが理由。そのため、決算とは関係のない仕事をしている社員でも、この時期に長期休暇を取ることはまずありません。しかし……。

周さん「課長、来月はじめから1週間、休暇を取りたいのですが」
課　長「えっ、来月？　2月は決算月だよ。休む時期をずらせないの？」
周さん「春節で親戚が集まるんです。両親から帰ってこいと言われていますので」
課　長「あ、ああ、そんなプライベートの理由か……。あのね。2月はみんな何かと忙しくなるんだよ。君だけそんなに長く休むのは、ちょっとなあ……」
周さん「私はさほど忙しくありませんよ。それにだれかといっしょに仕事をしているわけではないので、私が休んでもだれにも迷惑をかけないと思います」
課　長「まあ、それはそうなんだが……（おいおい、空気を読んでくれよ！）」

これ、コントではありませんよ。最近いたるところで見られる日常の光景です。空気を読めないメンバーがいると、職場はギクシャクするもの。ほかのメンバーの負担と不満が増大し、業務効率も悪くなります。冒頭のケースも、あなたが上司の立場だったらメンドくさくてしょうがないですよね。日本の職場では、空気もある意味ルールの1つ。

メンバー全員がうまく空気を読むって、業務を円滑に進めるうえで必要な要素なんです。
でも、日本に来たばかりの外国人は、こうした日本特有のルールをなかなか理解できません。そのルールを守れない住人は、まわりから疎んじられ、しだいに生きづらくなっていくのが必定です。

空気を読めない3つの背景

もちろん、日本人にも空気を読めない人はいます。かつて「KY（空気を読めない）」なんて言葉が流行語になったくらいですから。でも外国人材の場合、やたらその割合が多くてレベルも深刻なような……。冒頭のケースなんて、ホント日常茶飯事ですから。

なぜ空気を読めない外国人材が多いのでしょうか？
何が日本人と違うのでしょうか？

じつはここにも、外国人特有の根深い原因がひそんでいるのです。

☑「あいつ、ホント空気読めないよな……」周囲から疎まれてしまう外国人材

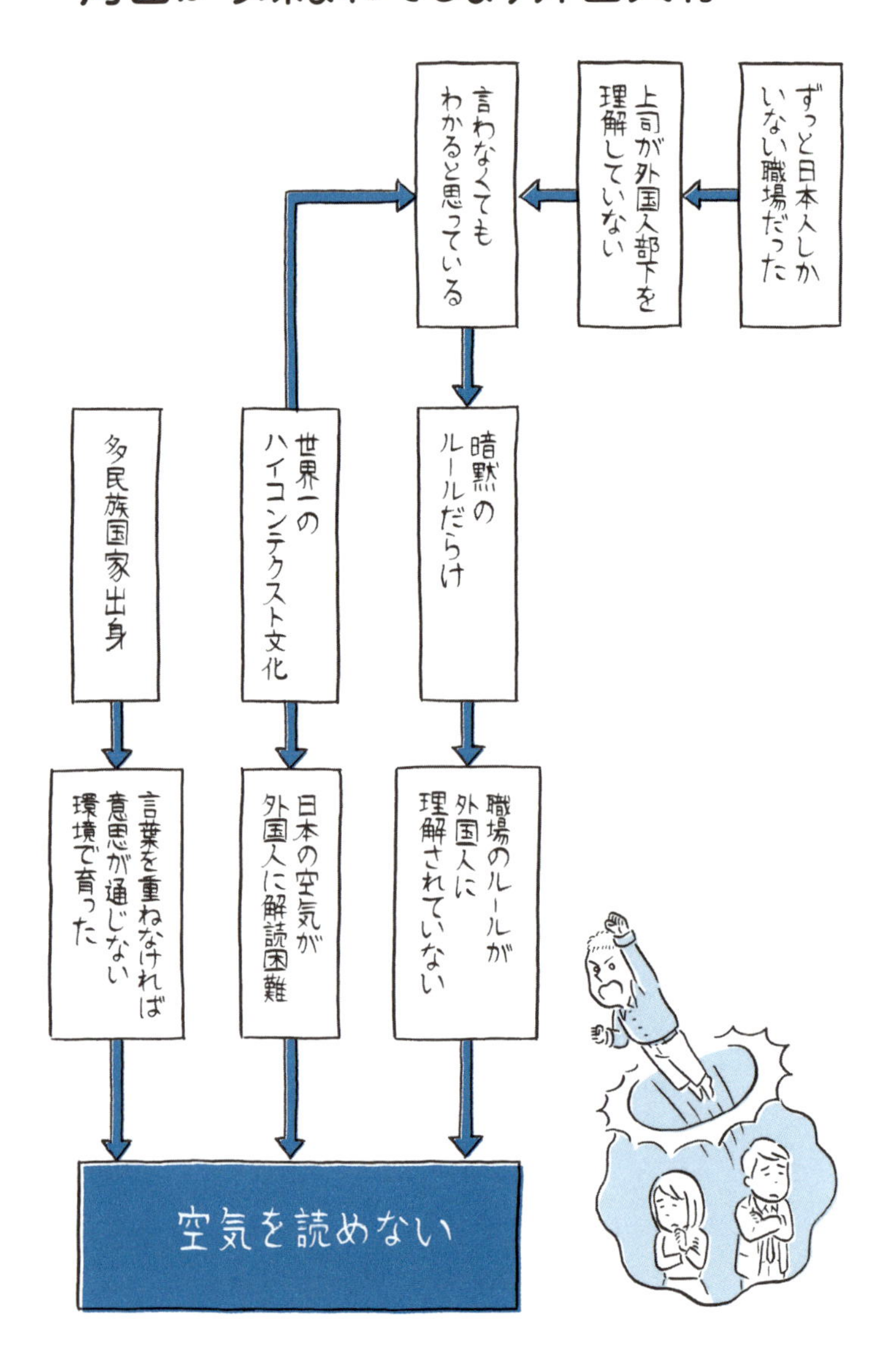

①日本の空気が外国人に解読困難

「いまの外国人部下はぜんぜん空気を読めないんだよ」
「今年入社した外国人社員は、ホントにKYが多いよね」

日本人上司のこうした声は1つの真理をついているかもしれませんが、言葉の使い方に注意しましょう。「空気を読めない」のではなく、

「日本人が求めるレベルの空気を読めない」

というのが正しい言い方です。

そもそも、どの国の人だって、ある程度は空気を読みます。相手の表情を読んだり、雰囲気で判断したりするのは、万国共通の普遍的な行動です。もっともその空気は、育った文化によって意味合いが違うため、未知の文化の空気を理解するのはかんたんではありません。

なかでも、きわめてハイコンテクストな（言葉そのものより文脈や背景、言外の意味を

重視する）文化をもつ日本の空気は、一朝一夕には解読できません。「暗黙の了解」や「ホンネと建前」といった独特の表現方法は、日本での生活経験が浅い外国人が読み解くにはなかなか難しいモノです。これに関して、異文化マネジメントの第一人者、エリン・メイヤー氏も、著書『異文化理解力』（英治出版）のなかで次のようなことを述べています。

「単一民族で島国社会の日本は、世界で最もハイコンテクストな文化。直接言葉にすることなくメッセージを伝えることが文化に根付いていて、あまりに深く根付いているため自覚すらない」

つまり、日本人のコミュニケーションは長く文化を共有してきたメンバーだけに通じる伝達手段が多いため、外国人材のなかには職場の空気を正しく解読できない人がいるのです。外国人材は、「わかっているのに空気を読まない」わけではなく、「わからないから空気を読めない」のです。

②言葉を重ねなければ意思が通じない環境で育った

日本人の伝達方法は、言葉を端折り、行間を読ませるのが基本スタイル。いま一度エリ

解読困難な日本の空気

いまの外国人部下はぜんぜん空気読めないよな
難しすぎて読めません……
日本の空気1 本音と建前
日本の空気2 暗黙の了解
日本の空気3 以心伝心
日本の空気4 あうんの呼吸
ずっしり…

ン・メイヤー氏の本をひもとくと、「互いに文化的背景を共有している日本人同士のコミュニケーションは、三度も意見をくり返す必要はなく、ほのめかすだけで相手が汲み取ってくれるとあります。この章の冒頭にあげたケースも、事業部長は行間読ませまくりの伝え方をしていますよね。

それに対し、多民族国家出身の外国人は、はっきり、きっぱり表現するのがキホン。言葉を重ねなければ意思が通じない環境で育ったため、とにかく言葉で意思を伝えようとします。伝達方法は、空気ではなく、あくまで言語。そのため、相手の言葉を字義どおりに受け取ります。行間なんてありませんから。冒頭のケースも、空気で伝えようとする事業部長のスタイルが、言葉で判断しようとするトーマスさんに通じないのは当然のことなのです。

③職場のルールが外国人に理解されていない

日本の職場は「暗黙のルール」だらけ。上司やリーダーの数だけ明文化されないルールがあると言ってもいいくらいです。そうしたルールは主観や感情論で決められることが多く、冒頭の周さんのケースのように論理が破綻していることもしばしば。それでは、言葉と論理で生きる外国人材には、さっぱり意味がわかりません。

外国人は空気よりも言葉を重視する傾向がある

日本人社員の場合であれば、ルールが暗黙でもなんとか成り立ってしまいます。ハイコンテクスト文化の日本では、相手の考えを察し、先読みして相手の望みに応じるタイプが好まれますから。和を重んじ空気読みまくりの日本人は、意味不明のルールでも正面切って上司に説明を求めるようなことはしません。結果として、上司も「言わなくてもわかるだろう」とばかり。いちいちルールの説明なんてしないのです。

これまで日本の職場は、ほとんど日本人だけで占められていました。空気を読むメンバーしかいないのなら、このような暗黙のルールでも通用します。しかし、これからはそういうわけにいきません。外国人が「言わなくてもわかってくれる」はずがなく、ルールは言葉できちんと説明できなければなりません。いまは外国人材にも旧来どおりのルールを押しつけ、「いつか郷に従うようになるだろう」と考えているのが実状。しかし、それではモヤモヤだらけの外国人材が、これからも空気を読まない発言をし続けるのはまちがいありません。

空気を読めないことから生じるこの行き違い、どうやって打開しましょうか？

「なんだかやっかいだなあ」と感じたあなた。どうぞご安心ください。これも日本人マネージャーのやり方しだいで、いかようにも変えられます。いまからテッパンの空気清浄法を3つご紹介します。

ルールを「見える化」する

まずやっていただきたいのが、ルールの「見える化」。外国人材のいる職場では、暗黙のルールはもうナシにしましょう。次の3ステップで見える化を実践していきます。

ステップ1　ルールの選別

最初に、いまの職場のルールをすべて紙に書き出してみてください。そして、理由や目的がちゃんと説明できるか、1つ1つチェックしていきましょう。主観や感情論でつくられたルールが、けっこうあるのではないでしょうか？

- 部長への忖度
- マネージャーの単なる思いつき
- 派閥同士がせめぎあった結果の妥協策
- 前任者のやり方をそのまま踏襲

このような、理由がフワッとしたルールはいったんゼロクリアにしてください。外国人材のモヤモヤを増幅させ、解読困難な空気の濃度を上げるだけです。そもそも、こうしたルールは無意味で効果がないものが多いので、ルール自体が業務効率を悪くする元凶にもなっているはずです。

ちなみに、日本で働く外国人に訊いた「職場のよくわからないルール（慣習）ベスト1」は、忙しい朝の時間帯におこなう朝礼。「あいさつと事務連絡しかしないのに、毎日やるのはおかしい」という意見が大勢を占めました。あなたの職場も、これまでのやり方を踏襲しているだけであれば、思い切って朝礼をヤメてみてはいかがでしょうか？

ステップ2　理由の明確化

これからも存続させるルールや新たにつくるルールは、「なぜそのルールが必要なのか」を明確にし、「趣旨の見える化」を図りましょう。たとえばこんな感じです。

ルール

毎日8時50分までに出社する
※ただし守らなくてもペナルティはなし（努力義務）

理由

- （なぜなら①）事前準備を済ませて、9時から万全の状態で働けるようにするため
- （なぜなら②）9時にはVIP客から連絡が入る可能性がある。その時に万全の状態でなければ、対応を誤る可能性があるから
- （なぜなら③）VIP客への対応を誤ると、深刻なクレームになるから

ポイントは、「なぜ」を3回くり返して掘り下げること。もし、うまく掘り下げられないようであれば「NGルール」だと考えてください。外国人材のモヤモヤが解消しない可能性があります。

あと、当然ながらルールが法に違反してはいけません（明文化しますからね）。内容が法的にグレーな場合は、守らなくてもペナルティがない「努力義務」であることを明示しておく必要があります。

ステップ3　ルールの周知

ステップ2の内容をメンバーに周知させます。メンバー内でルールをしっかり共有できるように、次のような方法で普段から目と耳で触れさせ、内容を見える化していきましょう。

☑ ルールを「見える化」して暗黙の了解を減らす試みを

・朝礼やミーティングの時にくわしく説明する
・ルール一覧を作成して配布する
・とくに重要なルールは、貼り紙にしてオフィス内に掲示する

このように、外国人材のいる職場では「ルールの見える化」を徹底的に図る必要があります。とにかく〝暗黙のルール〟はもうヤメにしましょう。すべてのルールに論理と納得性があり、内容が可視化されているのがキホンです。

上司の「こだわり」を言語化する

暗黙の了解でコトが運ぶ日本の職場では、ルールだけでなく、上司の考えもボヤッとしていることが多いもの。これが外国人材のモヤモヤをさらに増幅させています。そのため、上司の考えやこだわりも見える化する必要があります。

具体的には、「やってほしいこと」と「やってほしくないこと」を言語化し、その内容をしっかり認識させましょう。そうすることで、外国人材にも、上司が「何を考えているのか」「何にこだわっているのか」が理解できるようになります。たとえば、ある電子機

器メーカーの日本人マネージャーは、次のような「こだわり」を貼り紙で掲示し、部下に周知徹底させているといいます。

やってほしいこと（2つ）

①売上目標100％達成への執念をもつ。目標未達の場合は、必ずその原因分析をする。

理由 売上目標の達成が、当グループの最も重要な使命だから。

②改善の意識をもつ。どうすれば仕事を進化させられるかを常に考える。

理由 改善の意識をもたなければ、仕事で成長できないから。

やってほしくないこと（2つ）

①お客様対応に絶対手を抜かない。クレームゼロを目指す。

理由 お客様満足度の向上は、売上目標達成の次に重要な使命だから。

②メンバー同士のトラブルは厳禁。チームワークを大切にする。

理由 チームワークが悪いと仕事の効率が下がり、お客様にも迷惑をかけてしまうから。

ポイントは、それぞれの数を3つ以内にすること。あれもこれもと欲張りすぎると、1

☑「こだわり」を言語化して、外国人材に伝えよう！

つ1つの印象度が下がり、効果が薄れてしまいます。

また、ルールの「見える化」と同様、これも必ず理由を明確にしなければなりません。理由がなければ、単なる思いつきと捉えられてしまいますので。

そして重要なのは、一度決めた内容をコロコロ変えないこと。上司のこだわりがあまり頻繁に変更されてしまっては、その信念の度合いに疑問をもたれてしまいます。どうしても変更の必要が生じた場合は、その理由を具体的に説明する必要があるでしょう。

上司がこだわりを言語化すれば、外国人材のモヤモヤが軽減し、仕事のやる気も向上します。あなたもさっそく、明日から自分のこだわりを明示してみてください。職場の空気がスーッと清浄化されていくのを感じるはずですから。

日本人のホンネを教える

日本での生活経験が浅い外国人は、日本人の考え方がわかっておらず、とかくそれが行き違いにつながっています。原因のオオモトは、日本人に対する無知。そのため、外国人材には「日本人のホンネ」を正しく教えてあげる必要があります。

具体例を、私が仕事で関わっている都内百貨店のケースで説明しましょう。この百貨店

☑「日本」に適応できるように、日本人のホンネを教える

では、中国人販売員がお客様の前で私語をすることを問題視していました。日本人マネージャーが何度注意しても、「馬の耳に念仏」状態。一時的にはやめるものの、また何日か経つとペチャクチャしゃべり始めてしまいます。

彼女らに話を聞いたところ、「なぜダメなの?」と思っているような口ぶり。「私語がプライベートの会話であればともかく、仕事の話をしているのになんでそれがいけないの?」というのが彼女らの言い分でした。上司が頭ごなしに注意しても、言うことを聞くわけがありません。なにせ、指示に納得していないのですから。

そんな時は、「日本人のお客様は、ホンネでは〝ながら接客(ほかの行為をしながら接客すること)〟を不快に感じている」と、彼女らにはっきり伝えるのが効果的です。そして、そう感じたお客様は二度と店頭に現れなくなることを丁寧に教えてあげるのです。「私語をすれば自分たちにデメリットがある」と悟ったのでしょう、その後彼女らがお客様の前で私語をすることはほとんどなくなりました。

このように、外国人材には日本人のホンネを事実としてしっかり伝えるようにしてください。そうすることによって、解読困難だった日本人特有の空気が理解できるようになり、少しずつ日本式に適応するようになってくるでしょう。

「日本人のホンネは〇〇〇……」

これから、意識的にこの言葉を外国人材に使う機会をつくっていきましょう。おそらく2、3ヶ月もすれば、職場の視界は見違えるほど良好になっているはずですから。

COLUMN

「建前のマニュアル」は外国人に売れる!?

「日本人の性格で一番わからない点は?」

以前、日本で働く外国人にこのような質問をしたところ、一番多かった答えが「建前を使うこと」。なかなかホンネを言わない日本人に、ストレスを感じる外国人は多くいます。そして、これは長く日本にいるうちに解消するかといえば、必ずしもそうではないようで……。つい先日も、面食らうような出来事がありました。

とある銀行で「外国籍行員研修」をした時のこと。講義のなかで、私がホンネと建前に触れたのを受け、休憩時間に1人の受講者が質問に来ました。聞けば、日本在住16年目の中国人で、まもなく日本に帰化する予定とのこと。日本語もかなり流暢に話します。

中国人受講者「先生、先ほどホンネと建前の話がありましたが、あの内容では不十分です。もっとくわしく説明してください」

千　　葉「なにが足りないのですか?」

中国人受講者「日本人がホンネと建前を使い分けるなんて、あたりまえすぎて聞くまでもないです。私が知りたいのは、日本人がどういったケースで建前を使うのかということ。建前を使うパターンを1つ1つ具体的に例示してほしいのです」

千　　葉「あ、あ、なるほど。わかりました。それはぜひ今後の研究課題にしたいと思います」（と、逃げる私）

中国人受講者「お願いしますね。私はこれまで日本文化に関する本をたくさん読んできましたが、このことはどこにも書かれていないんです。ぜひその研究結果を本にまとめてください！」

千　　葉「あ、はい、がんばります（苦笑）」

もう一度言いますが、これは日本在住16年目の外国人の発言です。これほど長く日本で暮らしている人がこんなことを言い出すのです。日本人の建前というのは、彼ら彼女らにとって、そのくらい摩訶不思議なコミュニケーション方法なのでしょう。

その時、私はピンときました。

「建前のマニュアル」を書けば外国人に売れるのでは!?

体系的にまとめるのは、なかなか難しいとは思いますが……。これだけ強いニーズがある以上、一度チャレンジする価値はあるかもしれません。

5丁目

自信過剰

行先

グローバル化できない
職場のマネジメント

日本人とは違う自信マンマンなリアクション

外国人材と接していると、日本人とは違う自信マンマンなリアクションに出くわします。そのリアクションが、もっぱらいい結果のみもたらせばいいのですが……。よくある外国人材の自信に満ちたリアクションの例を3つ見てみましょう。

リアクション1　できないのに「できる」と言う

たとえばオフィスで、日本人上司が中国人部下にこう問いかけます。

「Aさんは前職でマーケティングの経験があるって言ってたよね。君に訪日中国人むけサービスの開発担当を任せたらうまくできる?」

もし上司がこのように尋ねたら、Aさんはまちがいなく「できる」と即答するでしょう。仕事の打診を受けた時、日本人は十分な実績がなければ「できない」と言うのに対し、外国人材はあまり経験がなくても「できる」と答えます。

☑ 広げられるだけ広げる大風呂敷なリアクション

《5丁目》自信過剰

一度でも経験があればまだマシなほうです。なかには「自分にはポテンシャルがある」という意味で、未経験なのに「できる」と言ってしまう者もいます（あいたた……）。日本人とは明らかに「できる」の定義が違うのです。

この傾向は、国籍を問わず当てはまります。日本以外の国は、程度の差はあれ、このような大風呂敷リアクションが一般的です。

リアクション2　問題があるのに「大丈夫」と言う

ある日タイ人の知り合いBに、「明日、電話をしても大丈夫？」と訊いたところ、言いよどんだ口調ながら「いつでもOK」との返答を受けました。ところが、いざ電話をしてみると、何やらガヤガヤと騒がしい様子。どうやら彼は、外出先で電話を受けているようでした。

私「話しても大丈夫？　いまどこにいるの？」
B「大丈夫ですよ。ただ彼女とディズニーランドにきているので、ちょっとまわりがうるさいですけど」
私「えっ、ディズニーランドでデートしているの？　そりゃ大丈夫じゃないでしょ！」

B「ディズニーランドって、アトラクションの待ち時間が長いので十分話せますよ」
私「まあ、そりゃそうかもしれないけど……（苦笑）」

おそらく彼は、なんとか私の期待に応えたいと思ったのでしょう。彼ら彼女らの特性として、自分がガマンしてなんとかなるなら、何食わぬ顔で「大丈夫」と言ってしまうのです。

「もう、最初からちゃんと事実を話してくれればいいのに……」

私の心のなかで、このセリフが何度もこだましたのは言うまでもありません。
「大丈夫」は、日本で働く外国人の頻出ワードトップ10に入るフレーズ。何かにつけて、この言葉を口にします。もっとも、このように問題がある場合でも「大丈夫」と言ってしまうことがあるので注意が必要です。

リアクション3　非を認めない

「この原因は、○○○にあります（以上！）」

「今回は○○○だったので、できませんでした（以上！）」
「私には関係ないです（ピシャリ！）」

こうした表現は外国人材の「いかにも」な言いっぷり。サービス業を経営する知り合いも、こうぼやいていました。

「ミスをしても、外国人材は『すみません』とは言わないんですよ。自分は悪くない、悪いのは自分以外とばかり、言い訳をしてきます」
「チームに迷惑をかけているのはたしかなので、ひと言『すみません』と言ってくれればいいのに……。まわりのスタッフも、心のなかでは謝罪の言葉を口にしてほしいと思っているはずです」

既述のエリン・メイヤー氏の分析によると、意見の衝突が起こった時、世界で最も「対立回避」の傾向が強いのが日本とのこと。日本人のコミュニケーションは対立回避がキホン。そのため、自分に非がなくても気軽に謝罪の言葉を口にします。こうした日本の常識からすれば、なかなか非を認めない外国人材の態度は、どうにも理解しがたく思えますよね。

こんな自信過剰なリアクションばかりだと、当然ながら誤解や行き違いがしょっちゅう起こります。手戻り頻発で、業務効率もダダ下がり。部下の言葉が信じられなくなって、関係ギクシャクなんてことも。それでは、まともなマネジメントなんかできっこありません。

自信過剰のウラにある心理

なぜ、外国人材はこれほどまでに自信マンマンなのでしょうか？

自信の根拠はどこからくるのでしょうか？

そのウラには、これまた彼ら彼女ら特有の心理がひそんでいるのです。

①評価を下げたくない

過去の経験をふりかえって「できない」と言うのは、日本のような同質型社会の典型的な特徴です。お互いの価値観が近いので「ウソやハッタリはすぐにばれる」という常識が

☑「できるとは言うけどホントにできるの？」外国人材に不信感を抱く背景

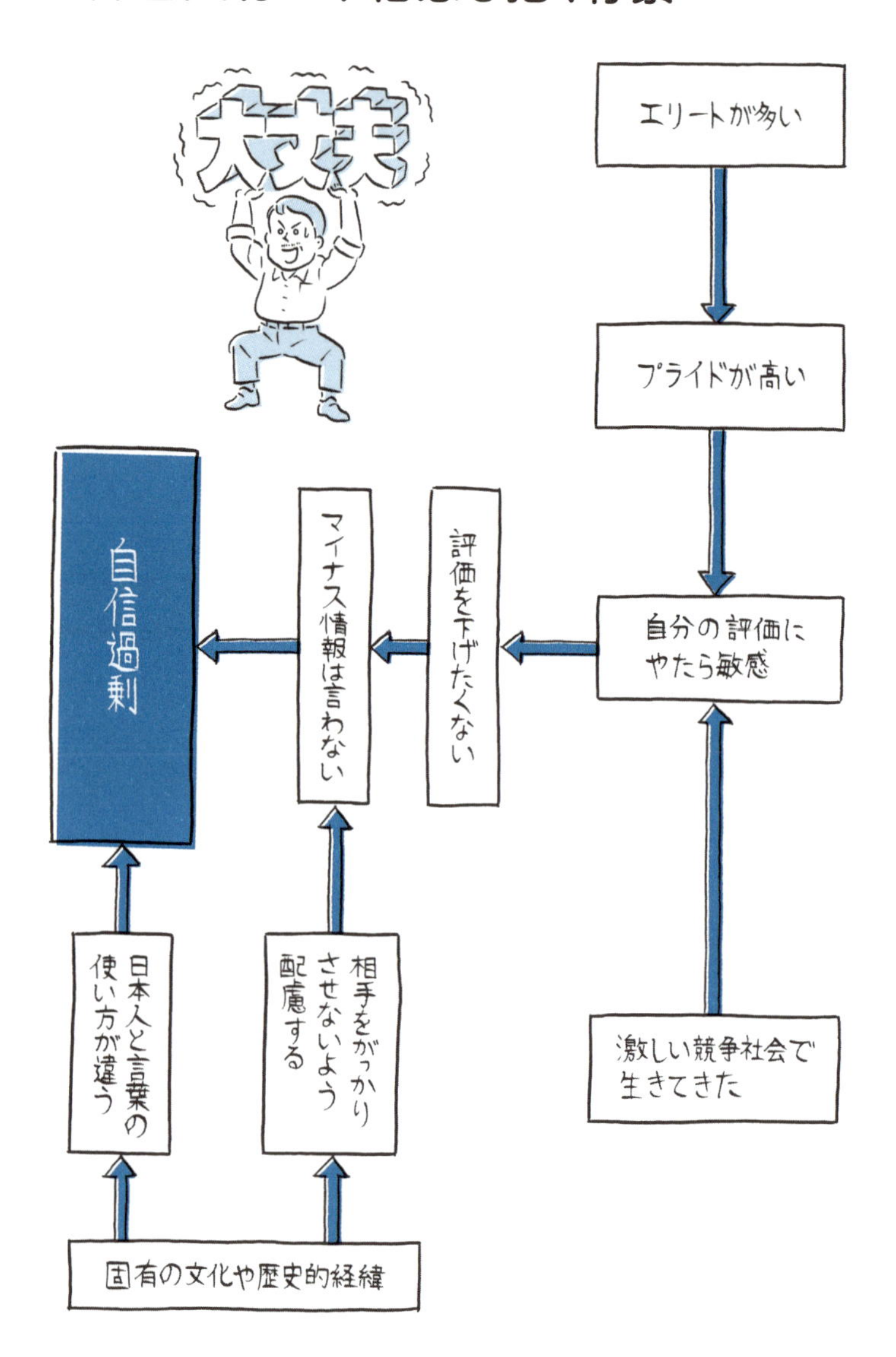

コミュニケーションの前提となっています。

それに対し、競争社会で育ち、プライド高めの外国人材は、自分の評価にとても敏感。自分を他人と差別化しようとする意識を強くもっています。彼ら彼女らにとって大切なのは、競争に勝つこと。そのため、多少のウソやハッタリを使ってでも自分の評価が高まる言動を心がけます。

この話を知り合いの中国人女性にした時、彼女は「そんなの当然」と言わんばかりの顔つきでこう答えました。

「できないなんて言ったら評価が下がってチャンスを逃すので、どんなことでもできると言うのはあたりまえ」

「その時点でできなくても『できる』と返事した後に、だれかの助けを借りてできるようにすればいいんです！」

あらら、どうやら彼女に「もしできなかったら？」なんて発想はなさそうです……。彼女にとっては、何より自分の評価を下げないことが最優先。ウソやハッタリも、そのために必要な「あたりまえの方便」と考えているのです。

②相手をがっかりさせたくない

問題があるのに「大丈夫」と言うケースは、国籍によってもその理由が異なります。たとえば、アジアの一部の国では相手をがっかりさせたくない気持ちから、こうしたリアクションをとることがあります。

なかでも、過度に相手を気づかうタイの文化は有名です（この気配りのことを、タイ語で「グレンチャイ」と言います）。タイ人のコミュニケーションは、つねに相手の感情を損ねないよう配慮するのが特徴。

そのため、タイで働くビジネスマンの間では、「『マイペンライ（大丈夫!・）』には気をつけろ」が常套句になっています。相手に配慮するあまり、大丈夫でない時もしょっちゅう「マイペンライ」と口にするからです。この場合、見た目のリアクションは自信過剰でも、その理由は①とはまったく異なりますのでご注意を。

③日本人と言葉の使い方が違う

「できる」「大丈夫」「問題ない」は、どの国にもある言葉です。ただし、外国人材がこれらの言葉を使う時は、その意味合いが日本人と違うケースがあるので注意が必要です。

日本人のコミュニケーションは、「謙譲の精神」がベースにあります。100の実力があったとしても、「まだまだ未熟で50の力しかない」と謙遜するのが日本人。「いやー、自分には難しい」と言いながらも、きっちり結果を出します。

それに対し、移民の国アメリカでは、つねに自分の力を他人に誇示するのがキホン。100の実力しかない人でも、120とか150ぐらいに水増しするのは普通です。そのため、少しでもできる可能性があれば、「できる」という言葉はあたりまえのように使います。「できる」は「できない」を否定しているにすぎない、と言ってもいいくらいです。

非を認めないリアクションも、非を認めるとどんな責任や不利益が生じるかわからないため、他民族国家出身の人はなかなか謝罪の言葉を口にしようとしません。その点、謝っても不利益を被らない（むしろメリットを得られる）日本人とは、謝罪に対する心理的ハードルが違います。「ごめんなさい」の重みがまるで違うのです。

また、日本に来て日の浅い外国人は、うまく日本語で返答できない時、とりあえず「大丈夫」と言ってその場を取り繕うことがあります。ボキャブラリー不足をごまかすフレーズとして「大丈夫」を使っているのです。

このように、その人の育った社会環境や日本語能力によって、言葉の使い方に違いが出てくることは知っておくべきでしょう。

では、こんな誤解や行き違いをなくすにはどうしたらいいのでしょう？　対策は３つ。
これまたそんなに難しいことはないのでご安心ください。

質問はとことん具体的に

日本人上司「大丈夫ですか？」
外国人部下「はい、大丈夫です。問題ありません」
日本人上司「これできますか？」
外国人部下「はい、できます」

職場で交わされるありがちな会話パターン。もはやお決まりの問答と言ってもいいくらいです。外国人部下からいつもワンパターンの答えが返ってくるのはあたりまえ。だって、質問の仕方が悪いんですもの。
まず、ざっくり「大丈夫？」と訊いてもあまり意味はありません。評価を下げたくない（あるいは相手をがっかりさせたくない）部下が、「大丈夫じゃありません」なんて言うわけありませんから。

大丈夫かどうか確認する時は、どのくらい大丈夫なのかを数値で訊くのが鉄則です。

「ジニーさん、報告書の期限が明日に迫っているけど、いまの時点で何パーセント大丈夫になった？　パーセンテージで答えて！」

こう訊くことで、部下は具体的な数値を言わざるをえなくなります。いかに自分を高く見せたいとはいえ、まったくできていないのに「１００パーセント」と答える人はいないでしょう（数値を「盛って」答える人はいるでしょうが）。上司としてはその答え方で、いまの進捗状況を類推できます。

そして、仮に部下が「70パーセント」と答えたら、

「残りの30パーセントは何で、それはあと何時間でできるの？」

と、以後の仕事の進め方を、数値を出しながら詰めていくのです。

とにかく質問内容を定量化し、とことん具体的に訊いていく。これが進捗状況を正しく

把握するためのポイントです。
また、できるかどうか確認したい時は、具体的なスキルの有無を訊くようにするのがコツ。たとえば、こんな感じで質問してみてください。

×①「**クリスさん、エクセルの操作はできますか？**」
○②「クリスさん、FV関数は使いこなせますか？」

①のように質問した場合、外国人材は一度でもエクセルを使ったことがあれば「できる」と答えてしまいます。そのため、②のように具体的なスキル（この場合はFV関数）があるかどうか確認する質問をするのです。初歩的な操作しかできない人が、①に「できる」と答えてもウソになりませんが、②に「できる」と答えてしまったら完全なウソになります。どんなに大風呂敷リアクションが普通とはいえ、さすがに完全なウソをつく人は少ないでしょう。
あっ、なかには平然とウソをつく人がいるかもしれませんね。でも、その場合は、質問が具体的ですから、すぐにウソは見抜けます。そして、その時は「ああ、彼は平気でウソをつくタイプなんだ」と評価を下せばいいのです。

☑「スーパー自信過剰タイプ」は1割、外国人材にまぎれこんでいる

ちなみに、私は平気でウソをつくタイプを見分けるために、あえてその人が絶対できないであろう業務をあげ、できるかどうか訊いてみることがあります。そうすると、10人に1人くらいはいますね。頑なに「できる」と言う外国人が（苦笑）。この質問をすると、「スーパー自信過剰タイプ」が見分けられてなかなか興味深いですよ。

マイナス情報の報連相を義務化する

3丁目でも強調した「報連相の徹底」は、外国人材の自信過剰対策にも効果的です。普段から情報交換を密にしておけば、「できる」や「大丈夫」に信ぴょう性があるか判断できるようになりますからね。

とくにマイナス情報はどんどん報告させるようにすべきです。定例の報連相タイムには、どんな些細なことでもいいので、必ず悪い情報を言わせるようにしましょう。

- うっかりミス
- 知識や経験の不足
- 想定外の事態

こういった情報の報連相を義務化するのです。そうしなければ、自分の評価を下げたくない（あるいは相手をがっかりさせたくない）外国人材は、マイナス情報をギリギリまで隠し続ける可能性があります。

外国人材にマイナス情報を言ってもらうカンタンな方法があります。それは、速やかに報告した部下をとことんほめればいいのです。

「ありがとう。よく言ってくれた！」
「報告が早くてすばらしい！」
「すぐに悪い情報を言ってくれたことは評価するよ」

こうしたひと言が、彼ら彼女らの報連相の動機づけを高めます。

ほめる時は、例外なくやってください。やったりやらなかったり、日によって対応が違うのはダメ。まかりまちがっても、感情的に対応してはイケマセン。「マイナス情報を言われたら、まずはほめ言葉」と、パブロフの犬のごとく反応するのです。

外国人材が気にしているのは、自分の評価。そのため、悪い情報を言ったほうがむしろ評価が上がるのなら、自ら積極的に「大丈夫でないこと」を晒すようになるでしょう。

☑ 悪い情報の報連相を先に

逆に、マイナス情報を隠し続けていた時は、叱責などのペナルティが必要です。「情報公開しないと評価が下がる」と感じさせることも、動機づけには効果を発揮します。大切なのは、評価を絡めたアメ（ほめ言葉）とムチ（叱責）。これよって、マイナス情報の報連相の頻度は確実にアップするでしょう。最後に、まとめの一句を。

マイナスを　言えばはがれる　化けの皮　報連相は　悪いことから

日本の常識を教える

冒頭に紹介した非を認めないリアクション。当然ながら、日本でこれを貫き通せば、まわりから疎んじられるのがオチ。あまり賢いやり方とはいえません。とくに日本での生活が短い外国人ほど、こうした日本の常識から外れた言動をしてしまいます。日本人のモノの考え方や、日本のカルチャーがもつ微妙なニュアンスを、まだよく理解していないからです。彼ら彼女らには、日本で働くうえで知っておくべき常識を、しっかり教える必要があります。

「日本では、素直に非を認めるほうが周囲からの信頼が高まる」

なかなか謝ろうとしない外国人材には、そう教えてあげてください。「自分は悪くない」「ミスをしていない」とアピールするよりも、謝罪の言葉を述べたほうが得策なことを説明しましょう。日本の常識を理解すれば、彼ら彼女らはしだいに謝罪の言葉を口にするようになるはずです。

その際のポイントは、「そうしたほうが評価が上がる」点を強調することです。評価に敏感な外国人材には、評価をちらつかせるのが効果的です。とにかく「評価」が説明する時の殺し文句と心得てください。

外国人材と接していると、こちらの「あたりまえ」が相手には「あたりまえ」でないことがあり、「それはおかしい！」と苛立ってしまうことも。ただ、そこですぐに短気を起こしてはいけません。彼ら彼女らは、日本人の慣習や物事の捉え方を学校で教わっていないので、理解するのに一定の時間がかかります。そのため日本の常識を、１つひとつ時間をかけて教えていく必要があるのです。

外国人材が理解できていない日本の常識を丁寧に教えよう

自分の言動で周囲に迷惑をかけたとき

日本では、素直に非を認めたほうが評価が高まることを教える

《5丁目》自信過剰

COLUMN

遅刻が多い外国人材に時間を守らせるには

「とにかく時間にルーズで困ります。約束の時間に5分、10分は平気で遅れてきますから。何度注意しても変わりません。悪びれるならまだしも、さも当然とばかり遅れてくるのでイラつくんですよ（苦笑）。はなから時間を守る気があるのか疑わしくなるほどです」

時間の観念の違いも、外国人材を部下にもつ日本人上司からよく聞かれる嘆きの1つです。時間にうるさい日本では、「遅刻をしない」は小学校で教わる初歩的なルール。「そんなのいちいち教えなきゃならないの？」と言いたくなる気持ちもわかります。

日本と社会システムが違う国から来ている外国人は、生活習慣も違ってあたりまえ。母国のやり方が抜けず、最初のうちは日本でも同じようにやってしまいます。時間の観念は、どのくらい不確実性が高い社会で生きてきたかで変わってきます。毎日毎日、日本では考えられないほどの交通渋滞のなかで生きていれば、多少時間にルーズになるのは仕方ないでしょう。朝、時間どおり起きてちゃんと家を出たとしても、渋滞ですべての予定が狂ってしまうのが日常ですから。そんな「いつ何が起きるかわからない社会」で生きていれば、だれだって、「自分だけ馬鹿正直に時間を守ってもしょうがない」という考えになってしまいます。

遅刻が多い外国人材に時間を守らせるための特効薬は、本書でも登場した「ルールの見える化」。ルールを可視化し、理由や目的、日本の常識とともに、その内容を繰り返し伝える――これに勝る対策はありません。くれぐれも暗黙の了解で済ませないことです。

1つ付け加えるとすれば、ルールを運用する際はアメとムチをうまく使い分けたほうがいいでしょう。ルールを守った者にはごほうびの「アメ」を与え、逆にルールを破った者には厳しめの「ムチ」を科すと効果的です。一例をあげるとこんな感じです。

・出勤時に1分でも遅刻した場合は、翌日から1週間、部全体のゴミ当番をやる
・出勤時に30分以上の遅刻をしたら、部内貯金箱に500円の貯金をする
・半期通して無遅刻だった場合は、評定時の基礎点を50点プラスする

外国人材には、こうした具体的な「利」をちらつかせるのが効果的です。「ルールを守ればメリットが得られ、ルールを破ればデメリットを被る」と感じさせるほうが、高いマネジメント効果が得られます。ただし、やりすぎは禁物。あくまでムチは、労働基準法の範囲内におさめることはお忘れなく。

COLUMN

外国人材が日本人の若手社員に与える好影響とは

本書では、職場の外国人材の「問題点」にフォーカスしているので、もしかしたら、ここまでお読みになって異文化マネジメントにネガティブな印象をもたれたかもしれません。ただ、誤解のないよう申し上げると、外国人材のなかには日本人にはない能力をもった者がたくさんいて、むしろ彼ら彼女らを活用したほうが有益な点が多くあります。

外国人材活用のメリットについて、ほかの識者があまり言及していないポイントを1つ申し上げます。それは、「日本人の若手社員の能力を引き出す効果がある」こと。日本人の成長スピードを上げるには、外国人材を社内に取り込むのが手っ取り早いとさえいえます。どういうことか？　以下で、私が実際に経験した出来事をもとに説明していきます。

桜が満開の時期が過ぎた4月上旬の平日。私はある大手飲食チェーンの新入社員研修で、講師として登壇していました。40名超の受講者になかには外国人社員が9名ほど混じっており、国籍の内訳はアジア7か国に及んでいました。

研修のなかで、テーマを与えて新商品を企画するグループワークをおこなったところ、「想定内の異様な光景」が私の目に飛び込んできました。自分たちで好きなように進行方法を決めるよう指示したにもかかわらず、各グループのリーダー役がすべて外国人材だったのです。

　後から聞くと、すべてのグループで外国人材が自らリーダー役を買って出たとのこと。ただ、どのグループにも、最初から「外国人材のほうがリーダーにふさわしい」という空気があったのはたしかなようでした。結局、最後まで外国人材の存在感ばかりがやたらと目立つ研修になりました。

　これは、けっしてこの会社だけの特異なケースではありません。私はこれまで多くの会社で国籍混合の若手社員研修を担当した経験がありますが、十中八九、目立つのは外国人材です。日本人がなかなか議論の口火を切らないのに対し、外国人材は臆することなく自分の意見を披瀝しようとします。日本語がまちがっていようが、多少論点がずれていようが、気にすることはありません。それは、彼ら彼女らの考え方のベースに、「主張やアピールはどんどんしたほうがいい」という価値観があるからなのでしょう。

　日本人の若手社員はというと、はじめのうちは大人しくてあまり覇気が感じられません。ただ、時間が経つにつれ、外国人材に引っ張られるように、徐々に発言が活発になっていくから不思議なものです。

　じつはここに、社員育成のヒントがあります。外国人材と協働することによって、日本人の若手社員は確実に変わります。

俗に、「さとり世代」と揶揄される、現在の20代。その特徴をひと言で言うと、まじめで大人しく、過剰な情熱がありません。私自身もこれまで多くの日本人を指導してきましたが、正直なにを考えているのかわからない若者が最近増えたように感じます。

ただ、けっしてなにも考えていないわけではありません。まわりに積極的に発言するメンバーがいれば、とたんに火がつき、意見を述べ始めるという一面ももっています。目立ちたくない意識が強く、自ら先頭に立たないものの、先導してくれる人がそばにいて刺激を受け続ける環境に置かれたとたん、現代の日本人の若者は驚くほど変わります。「若手社員を生かすも殺すも、まわりの環境しだい」と言ってもいいくらいです。

先述のとおり、多くの外国人材はなにごとも主体的に発言し、自分をアピールしようとする意識を強くもっています。どんどん前に出ていくその姿勢は、若手社員の格好の導火材になるでしょう。同僚の外国人材から受ける刺激や触発が、日本人社員を大きく変化させるはずです。

「若手が育たない」と嘆く経営者の方には、外国人材を積極的に社内に取り込むことをおススメします。どんな教育や研修よりも、日本人社員を成長させる効果があるのはまちがいありませんから。

6丁目

すぐに辞める

行先

グローバル化できない
職場のマネジメント

今日もまさかの退職表明「ワタシ、国に帰ります」

とある小売チェーン店のスタッフルーム。中国人社員の孫さんが店長の辻さんに、こう声をかけます。

孫さん「店長、国に帰ることになったので、今月いっぱいで会社を辞めたいのですが」

辻店長「えええーっ！　君はまだ1年ちょっとしか働いていないじゃないか。入社面接の時、日本でずっと働くって言ってたよね。なんで突然国に帰っちゃうの？」

孫さん「事情が変わって、父の仕事を手伝うことになりました」

辻店長「ん、なにそれ？　ずいぶん唐突な話だね。とにかく、これまで君にはずいぶんお金をかけて教育投資してきたんだ。もうちょっと会社に貢献してくれないと……」

孫さん「いままでいろいろ教えてもらって感謝しています。ただ、これは私の人生ですから」

辻店長「少し考え直してくれないか」

孫さん「いや、もう決めたことです（きっぱり！）」

辻店長「……」

こんな光景、外国人材のいる職場では日常茶飯事と言っていいくらい、よく目にします。おそらく今日もどこかの職場で、こんなやりとりがくり広げられていることでしょう。

日本で働く外国人の平均勤続年数は3年以下。「入社3年目のカベ」があると言われます。「石の上にも3年」なんて言葉は通用せず、このケースのように1年程度で辞めていく人もめずらしくありません。会社からすれば、人員計画がコロコロ変わり、四六時中新たな採用と教育に追われます。業務の不確実性はつねに高く、いつ辞めるかわからないスタッフに職場がふり回されてしまいます……。オーマイガッ！

日本人とはまったく違う退職理由がある

外国人材の場合、表向きの退職理由は「国に帰る」がやたら多め。でも、これはたいてい方便で、ホントの理由はほかにあります。帰国しなきゃならないくらいの予定変更なんて、そんなにしょっちゅう起こりませんから。じつは、彼ら彼女らが会社を辞める背景に

☑ 表向きは「国に帰る」、じつは……

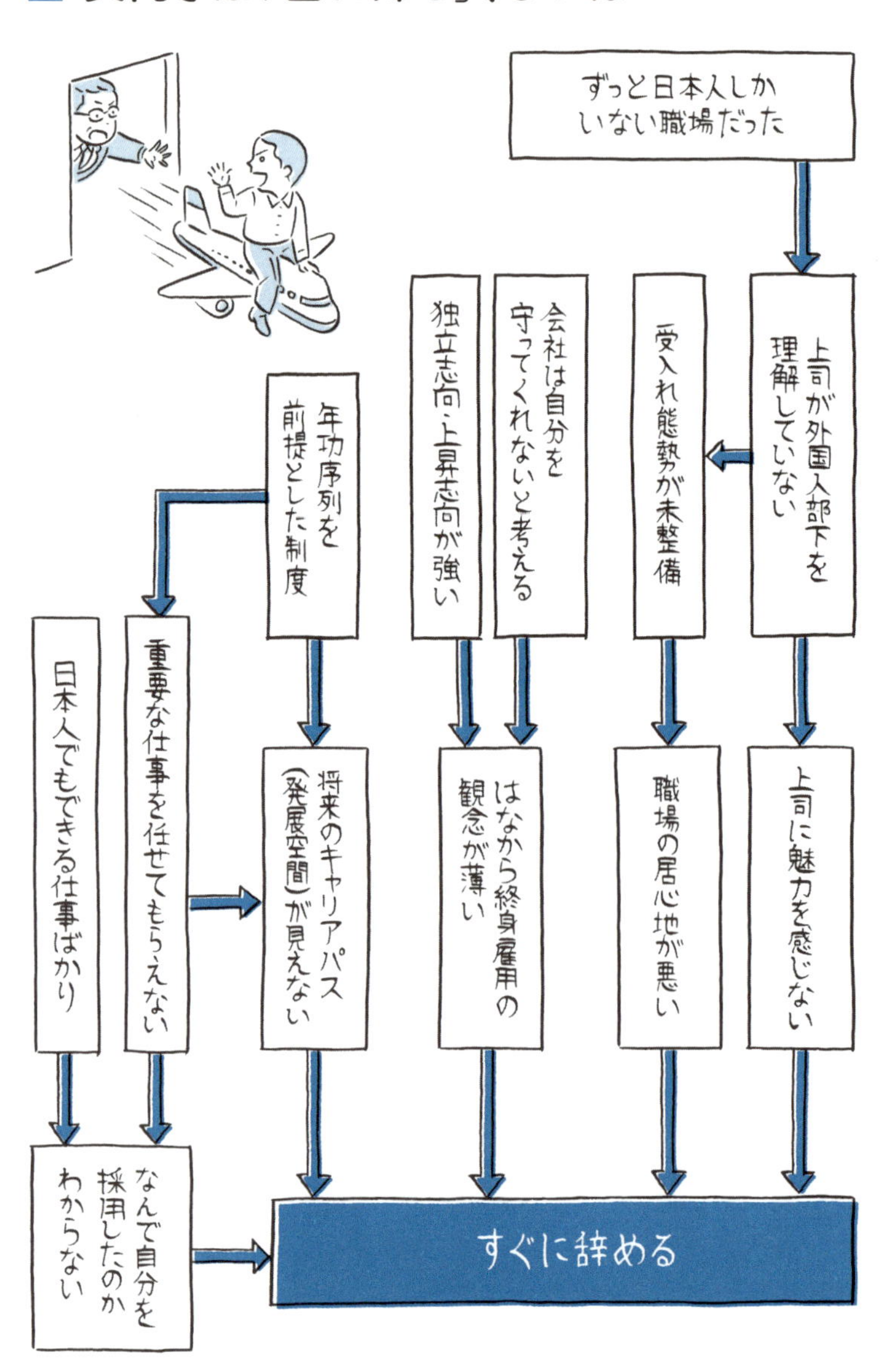

は、日本人とはまったく違う外国人特有の考え方があるのです。

①将来のキャリアパス（発展空間）が見えない

一番目の理由は、将来のキャリアパスが見えないこと。自分の将来像が具体的なレベルで描けなければ、外国人材はいともかんたんに会社を辞めてしまいます。

たとえば、中国人を会社につなぎとめておくには「発展空間」を感じさせる必要があると言われます。発展空間とは「自分がその会社で成長する可能性」を表す概念。「キャリアパス」と意味は似ています。この言葉は中国人の若者の間でとてもよく使われます。ためしに、まわりの中国人に発展空間という言葉を知っているかどうか訊いてみてください。ほぼ100％の確率で「知っている」と答えるはずです。

彼ら彼女らが「発展空間」を感じないケースには次のようなものがあります。

- 入社5年目の先輩の肩書きがまだない
- 入社5年目の先輩が雑用ばかりしている
- 入社5年目の先輩の給料が、入社以来ほとんど変わっていない
- 外国人幹部がいない

・社長の給料が一般社員と大差ない

中国人の会社選びの最重要ポイントは発展空間にあり、「この会社には発展空間がない」と判断した時点で、すぐに転職活動を始めてしまいます。ステップアップできるかどうかがその会社で働く最大の動機づけなのです。反面、成長の機会が用意され、ステップアップの可能性があると判断すれば、その会社に長くい続けようとします。

こうしたキャリアパスの考え方は、中国以外の国においても同様です。職務記述書が明確な欧米はもとより、多くのアジア諸国でも、やたらキャリアパスにこだわります。成長する可能性を見いだせなければ、さっさと会社に見切りをつけてしまうでしょう。

重要なのは、ステップアップの可能性が具体的なレベルで描けるかどうか。「長くいればいいことあるよ」なんてぼんやりとした将来像を示しても、外国人材の心にはまったく響かないのです。

②はなから終身雇用の観念が薄い

外国人材の会社に対する想いは、日本人と違います。日本人が「会社は一生自分の面倒を見てくれる」と考えがちなのに対し(いまや幻想にすぎませんが)、外国人材の場合は

☑ 発展空間を感じない会社は見捨てられる

「お金やキャリアのために一時的に帰属する場」くらいにしか考えていません。

また、外国人材のなかには、

「将来、起業して一国一城の主を目指したい」

「ジョブホッピングをくり返してステップアップしたい」

と考える人が多くいます。そのため、会社への帰属意識は概して低く、「ここにいても仕方ない」と判断した時点で、その会社は固執する対象ではなくなります。いずれにせよ、彼ら彼女らの多くは、はなから終身雇用の観念なんて持ちあわせていないのです。

余談ながら、以前私がおこなった就職活動中の外国人留学生への調査でも、20名中15名が「就職後5年以内に転職するつもり」と答えました。なんと7割以上が、最初から短期間で辞めるつもりで就職活動をしていたのです（苦笑）。

もちろん、個人差はあります。なかには、ずっと1つの会社で安定的に働くことを望む人もいるにはいます。ただ、そうした考えの人でも、日本人のように不満があっても我慢して会社にしがみつこうなんて発想は持ちあわせていないことだけはたしかです。

③職場の居心地が悪い

外国人材がすぐに辞める職場は、「居心地の悪い場所」であることが多いもの。たとえば、彼ら彼女らが孤立してしまうような職場はその最たるものといえます。外国人材の多くは異国で寂しさを感じている「かまってちゃん」。職場で疎外感を味わえば、とたんにモチベーションを下げてしまいます。「孤独」と「居心地の悪さ」はある意味ワンセットなのです。そうした状況は、ずっと日本人しかいなかった職場で起こりがちです。上司が外国人材をよく理解しておらず、受け入れ態勢が整備されていないのが原因です。日本人と同じ対応じゃあ、ダメなんですけどね……。

また、残業が多くて有給休暇が取れない職場も、居心地の悪さの原因になります。慢性的な長時間労働は、確実に外国人材のモチベーションを下げ、気持ちを転職へと向かわせるでしょう。これに関しては、日本人社員もまったく同じだとは思いますが。

④上司に魅力を感じない

「いまの上司にあまり魅力を感じないんだよね。これまで、ほとんど外国人と接したことなかったみたいだし」

「正直言って、この人のために働こうなんてまったく思わないよ……」

こんなボヤキ、いままで日本で働く外国人から幾度となく聞いてきました。

一般に外国人材は、会社への忠誠心は希薄ですが、尊敬できる上司には強い忠義心を示します。そのため、魅力ある上司のもとでは俄然やる気を出し、力を発揮しようとします。

一方、この逆のケースは悲惨です。条件反射的に「この上司のもとでは成長できない」と判断するでしょう。そうなったら、ジ・エンド。会社に見切りをつけるのは時間の問題です。

⑤なんで自分を採用したのかわからない

いまだ年功序列を前提とした制度が残る日本企業では、20代のうちは下働きに徹するのがあたりまえ。これは外国人材とて例外ではありません。入社してから何年かは、重要な仕事を任される機会は少ないでしょう。ただ、そうした状況は、彼ら彼女らの不満をどんどん増幅させていきます。

とりわけ、外国人材に日本人でもできる仕事をさせている場合は要注意です。「なんで自分を採用したの?」と疑問を抱き、仕事へのモチベーションが下がる可能性があります。

そして、もし「日本人が集まらないので、仕方なく自分を採用したのでは？」と感じるようなことがあれば、その瞬間から退職のカウントダウンが始まるでしょう。ああ、くわばら、くわばら……。

「じゃあ、こんな状況を解決するにはどうすりゃいいの？」

そろそろ、その疑問にお答えしていきましょうか。対策は大きく6つ。いささか手間と時間はかかりますが、すべて効果テキメンの方法ばかりです。

2段階でこれから得られるメリットを提示する

とかく即物的で、早めのステップアップを望む外国人材には、これから得られるメリットを2段階で提示するのが効果的です。具体的には、短期（半年〜1年以内）と長期（1年以上〜3年以内）に分けて、得られる可能性のあるメリットを可視化するのです。

すぐに得られる目先のメリットを伝えても、退職防止には効果がありません。逆に、ずいぶん先でなければ得られないメリットを伝えてしまうと、「発展空間がない会社」と思われるのがオチ。そのため、提示する期間は1年以内と3年以内の2段階で設定します。提示するメリットは、短期が「報酬・評価面の内容」、長期が「昇進・昇格といったキャリアアップを実現する内容」がいいでしょう。短期でキャリアアップの話を持ち出しても現実的ではありませんからね。一例をあげるとこんな感じです。

短期（半年〜1年以内）

- 今回のプロジェクトを成功させれば、会社から特別ボーナスが支給される
- この大型案件を受注すれば、今期の評価はAになる

長期（1年以上〜3年以内）

- A評価をあと2回続ければ、次期マネージャー候補になる
- いまのパフォーマンスを続ければ、3年以内に上海支社の総経理候補になる

なお、「長期」は昇進・昇格にからむ内容なので、後述する「制度の変更」が前提となります。あと当然ですが、ウソや空手形はくれぐれもNGです。

2段階のメリットを提示することで、外国人材の発展空間のモヤモヤは確実に解消しま

☑ 2段階メリット提示法でステップアップをイメージしやすくする

長期で
得られるメリット

おもに1年以上〜3年以内に起こる内容をあげる

昇進・昇格といったキャリアアップを実現する内容が望ましい

努力次第で、実現可能な内容にする

伝える頻度は、月に1回以上

例：A評価をあと2回続ければ、次期マネージャー候補になる。
いまのパフォーマンスを続ければ、3年以内に上海支社の総経理候補になる。

短期で
得られるメリット

おもに半年〜1年以内に起こる内容をあげる

報酬、評価面の内容が望ましい（精神面の充足ではない）

しっかり仕事をこなせば、十分に実現可能な内容にする

伝える頻度は、週に1回以上

例：今回のプロジェクトを成功させれば、会社から特別ボーナスが支給される。
この大型案件を受注すれば、今期の評価はAになる。

**得られる可能性のあるメリットを、
短期と長期に分けて提示する**

す。効果的な退職防止策になるのはまちがいありません。今日からさっそく、あなたの職場でも実践してみてください。

「この仕事は将来あなたの役に立つ」というキラーフレーズ

働くメリットを伝える時は、「いまの仕事に習熟するメリット」にも言及するといいでしょう。その仕事を経験すればどんなスキルや人脈が身につき、将来どういった可能性が開けるのかを具体的に説明するのです。そこで、次のフレーズを覚えましょう。

「この仕事は将来あなたの役に立つ」

これは、仕事に前向きに取り組んでもらうための殺し文句になります。くり返し伝えていれば、外国人材のやる気やモチベーションはグングン高まるでしょう。たとえば、小売業の現場ならこのフレーズをこんなふうに伝えます。

「○○○の接客方法は日本で高く評価されています。そのため、この推奨スキルを身につければ、あなたは強力な差別化の武器を手にすることになります。たとえば将来、あなたが自分の国で新たな会社を始める時も必ず役に立つはずです。だから、1日も早くこのスキルを修得してください！」

留意すべきは、根拠が明確で納得性があること。根拠がぼんやりしていたり、疑わしかったりすれば、あまり効果は見込めません。もし根拠がいまひとつ薄いようであれば、2丁目でも述べたように、理由を3つ重ねるといいでしょう。

あなたのまわりに、「こんな仕事はつまらない、意味がない」と不満を口にする外国人材がいたら、今日からさっそくこのフレーズを投げかけてみてください。「この仕事は将来必ず役に立つ」と。仕事の取り組み方が大きく変わり、いきなり会社を辞めるなんて言い出さなくなるはずですから。

本気なら「制度の変更」も検討していく

これから本格的に外国人材を活用していくのであれば、ある程度の制度の変更は不可避です（先ほどの2段階メリット提示法も、制度の変更が前提でした）。年功序列を前提とした雇用制度や人事制度を維持しているかぎり、有能な外国人があなたの会社で長く働くことはないでしょう（きっぱり！）。

まず、年功要素はできるだけ排し、国籍や性別にとらわれない実力主義を導入するのがベストです。がんばった人が正しく評価される企業風土にしましょう。そして、理想をいえば、ゆくゆくは有能な外国人材を幹部に登用したいところです。外国人が活躍するモデルケースがあれば、社内の発展空間は一気に拡大しますから。

もし幹部への登用が難しいようなら、会社の命運を握る役割を外国人材に担わせるだけでも効果があります。とにかく、外国人材が活躍しているモデルケースを社内に1つでも多くつくるのです。たとえば、実際におこなわれているケースには次のようなものがあります。

・外国人女性社員を（日本人も含めて）はじめての女性部長に登用し、重要プロジェクトを任せる
・外国人材が多い作業現場で働いている外国人社員を、その現場のマネージャーにする
・社長秘書に外国人材を登用する

・働き方改革を検討する社長直轄のプロジェクトに、外国人社員を参画させる

また、これは業種・業態にもよりますが、将来の独立を支援する制度を設けるのも1つの方法です。たとえばある中堅機械メーカーは、外国人材が母国で販売代理店を開業できる「のれん分け制度」をつくり、成功させています。早めのステップアップを望む外国人材の想いにピタリ合致し、彼ら彼女らのモチベーションがみるみる上がったようです。

こうした制度の変更は、なかなかすぐに実現するのは難しいかもしれません。日本人社員を逆差別することにもなりかねませんから。ただ一方で、外国人材に長く活躍してもらおうと思えば、これまでの制度では限界があるのは明らかです。

「会社が、どのくらい本気で外国人材を活用していくのか?」

その本気度いかんで、採るべき選択肢は変わってきます。そして、本格的に活用していくつもりなら、このくらい踏み込んだ制度の変更が必要なことは肝に銘じておくべきでしょう。

孤独にさせないしくみをつくる

「職場の居心地が悪い」と感じさせないためにも、外国人材を孤独にさせないしくみをつくることをおススメします。具体的には、次の3つの取り組みが有効です。すべておこなうのが理想ですが、難しいようならとりあえず1つだけでも実施してください。孤独は、想像以上に外国人材のやる気を奪ってしまいますからね。

①同じ国籍から複数名採用する

外国人材は、同じ国籍から複数名採用するのが理想です。オフィス内に同じ国籍のメンバーが1人でもいると、孤独を感じる可能性はグンと減りますから。

ただし、3丁目で述べたとおり、同じ国籍同士でも相性が悪いケースがあるので、その点には配慮してください。

②「私は重視されている」と感じさせる

孤独を感じさせないために、つねにだれかが気にかけてあげるようにしましょう。頻繁に声をかけるだけでもかまいません。「私は重視されている」と感じさせるのがポイントです。

「メンター制度」を導入するのも1つの手です。先輩社員をメンターに任命し、外国人材の精神的なサポートをしてもらうのです。もし該当者がいれば、メンターは同じ国籍の先輩社員から選ぶのが理想です（①と話がカブりますが）。母国語を話せる気安さもあり、外国人材の孤独感がグッと軽減するのはまちがいありません。

また、「外国人材むけの研修」を定期的に実施するのは、「自分が重視されている」と感じさせるうえで効果大です。「会社が自分のためにお金をかけて教育してくれている」と思えば、否が応でも会社へのロイヤリティは高まるでしょう。加えて、研修での学びによって、本人の成長欲求が満たされるので、一石二鳥です。

③社内のインフォーマルコミュニケーションに誘う

社内のインフォーマルコミュニケーションにもどんどん誘ってあげてください。本書で何度か述べたとおり、外国人材の多くは異国で寂しさを感じている「かまってちゃん」。本質的に人とのつながりを求めています。そのため、仕事外のコミュニケーションの機会をつくれば、喜んで参加しようとするはずです。

・社内サークル
・イベント（カラオケ大会、ボーリング大会）
・飲み会（歓迎会、忘新年会）
・ホームパーティ

などなど、こうした社員同士の交流の機会をたくさんつくって、外国人材を誘ってあげてください。

ある企業では、外国人社員と日本人社員にペアを組ませ、互いの母国語を教えあうサークル活動を定期的におこなっているといいます。日本人社員のグローバル意識が高まると同時に、外国人社員の孤独感も和らぐので、一挙両得の効果が見込めるそうです。

何を期待しているか伝える

会社が外国人材に何を期待しているか伝えることは重要です。「わが社にとって、あなたは不可欠」というメッセージを本人にしっかり届けてください。「なんで自分を採用したの？」といぶかる外国人材の不満が一気に解消されます。

「ミャンマー進出の予定があり、同国出身の社員の力が不可欠です。あなたには、日本とミャンマーとの橋渡し役としての活躍を期待しています」

「これからインバウンド対策に力を入れるので、あなたの力がどうしても必要です。あなたには、日本人社員にはない企画力を期待しています」

「わが社は今年から社内のグローバル化を推進しています。日本人社員の意識を変えるために、あなたには日本人社員に刺激を与える役割を期待しています」

「社内にイノベーションの芽を醸成するために、今年から外国人材の採用を始めました。あなたには、日本人社員にはない発想力を期待しています」


こんなふうに、期待する役割を具体的かつ論理的に伝えてください。

私がコンサルティングで関わっている会社では、社長と外国人材との会食の席を定期的に設けて、社長の口から期待の言葉を伝えるようにしています。雲の上の存在である社長に直接声をかけてもらえるのですから、彼ら彼女らのモチベーションはいつもダダ上がりです。ちなみに、この会社は3年前から外国人材の採用を始めているのですが、いまだに1人も退職者を出していません。

外国人材をつなぎとめるための現実解は、じつはウェットで人間的な日本的マネジメントにヒントがあります。

「あなたはわが社に必要だ！」
「あなたの力を貸してほしい！」
「この会社でいっしょに夢を実現しよう！」

こんな熱いメッセージを、常日頃からくり返し伝えていくのが重要なのです。

外国人にしかできない仕事を与える

外国人材には、できるかぎり外国人にしかできない仕事を与えるべきです。「この仕事なら日本人でもできるのでは？」と感じたとたん、外国人材のモチベーションはガタ落ちしてしまいます。彼ら彼女らには、外国人ならではの仕事をしてもらいましょう。

・日本に住む外国人むけの新サービスを、外国人材だけのプロジェクトメンバーに考案してもらう

☑ 外国人にしかできない仕事を

・外国人社員を中心とした「インバウンド部門」を設置し、外国人客むけの新商品を企画立案してもらう
・アメリカ人社員に、飛行機の機内食で提供するアメリカ人旅行者むけドリンクの商品開発をしてもらう
・中国人社員に、日本に住む中国人の消費動向を調査してもらう
・ベトナム人社員に、ベトナム人留学生の採用リーダーを任せる

こうした外国人ならではの仕事を与えることで、外国人材は「この会社には自分の存在価値がある」と実感するようになります。自分の存在価値があれば、きっと仕事は楽しいはず。すぐに辞めようなんて思わなくなりますよね。

ここまで来た！　職場の多様性の尊重

COLUMN 

異文化理解は、相手との違いを知り、それを受け入れることから始まります。「価値観や言動の違う人がいてあたりまえ」と思うことが、異文化の相手をマネジメントするうえでの大前提となります。

同質型社会の日本では、長らく「みんな同じが望ましい」という考え方が主流でした。そのため周囲と違う言動をする同僚や部下に、嫌悪感や拒否反応を示す人がいまでも多数を占めています。しかし、本書で何度も申し上げたとおり、これからの時代にそうした考え方は通用しなくなります。人材の多様性を認められない会社は、どんどん時代に取り残されていくでしょう。多様性は排除するのではなく、積極的に取り込んでいくべきなのです。

「多様性を武器に変える」

そうした考えのもと、人材の多様性に配慮した究極のオフィスをつくってしまったのが、IT大手の「アマゾンジャパン」。2018年9月に公開された新社屋は、まさに多様な人材が心地よく働ける環境が備わったオフィスと話題になりました。

オフィスの中を見てみると、ムスリムのお祈りスペースはもちろん、性的マイノリティむけのシャワールームや医務室など、性別や国籍、宗教を超えた配慮が随所に行き届いています。また、こうした多様な価値観をもつ社員が部署を超えてコミュニケーションが取れるように、机と椅子を設置しただけのシンプルな空間がいくつも設けられています。それ以外にも、

・マッサージルーム
・昼寝ができるクワイエットルーム
・子育て中の女性のための搾乳室
・ヨガスタジオ
・音楽の演奏ができる部屋

などなど、社員の気分転換用の場所も充実していて……。いやあ、ホント至れり尽くせり！

2丁目でも述べたとおり、多様な社員が混在し、日頃から異論が飛び交う会社はイノ

ベーションが起こりやすいといいます。同じ考え方の人とばかりつきあっていても、新しいアイデアは出てこないもの。違いのある相手と議論したほうが思考は活性化します。多様な価値観やバックグラウンドをもつメンバーが考えをぶつけあうことで、これまでになかったアイデアの芽が生まれるのです。

消費者ニーズをつかみにくい現代において、同質性の高いメンバーだけで画期的なアイデアを生み出すのは、これからどんどん難しくなるでしょう。だからこそ、イノベーションの着火剤となる「多様性」を職場へ積極的に取り込むべきなのです。

アマゾンジャパンの新社屋は、まさにイノベーションに最適な職場環境の実現を目指してつくられたオフィス。成長している会社は、偶然が重なって成長したわけではなく、ちゃんと成長を必然にするためのしかけや環境づくりをしているのです。

おわりに

まずは小さなことから始めてみよう

「どうすれば外国人材とうまくコミュニケーションがとれるの？」

「どうしたら外国人部下のやる気を上げられるの？」

「そもそも〝異文化マネジメント〟って何から始めればいいの？」

「外国人と働いたことがないので、とにかく不安だ……」


日増しに強くなる、こうした声にお応えすべく、本書は生まれました。

数年前なら、こんなテーマの企画は実現可能性ゼロだったでしょう。外国人材との協働なんて限られた職場の話で、多くの人にはリアリティのない他人事でしたから。げんに私自身、どれだけ企画を考えてもはなから相手にされない時期が続きました。

しかし、ここ1、2年で状況は一変しました。異文化に接することがあたりまえの日常になり、職場に外国人がいる環境はいまや日本各地に広がっています。もはや日本人のだれもがグローバル化から逃れられない時代になったといえます。冒頭にあげた悩みや不安の声は、これからますます多く、そして大きくなっていくでしょう。

「必要な人に、必要な情報を届けなければ」

そんな青臭い使命感が、私を突き動かす原動力になりました。求められる情報をお伝えするために、この半年間、これまでにないくらいの想いとエネルギーを込めて執筆に取りかかったつもりです。

本書では職場の異文化理解の事象を「問題地図」として描き、その具体的な解決策をご紹介してきましたが、前提として申し上げておきたいのは、マネジメントのベースは日本人の場合と大きく変わらないということ。そもそも人を動かしたり、だれかとコミュニケートしたりする時、国籍や文化によってその方法に決定的な違いがあるわけではありませんから。あくまで従来のスタイルを、外国人材にも同じように適用するのが基本です。

ただ、本文で述べたとおり、日本人のコミュニケーション方法は独自性が高いため、外国人材にそのまま適用してしまうと意思が伝わらなかったり、トラブルが生じたりするようなケースが起こりえます。そのため、外国人材には日本式のマネジメントスタイルをカスタマイズして適用する必要があります、部分的に日本式の〝例外〟をつくるのです。

もっとも、やり方はそれほど難しくありません。特別なスキルや知識は必要なく、心がけ１つで実践できることがほとんどです。

そして、最初からすべて完璧にやろうとしてはいけません。まずは小さなことから始めてみましょう。できることから、一部のメンバーから、少しずつ始めていくのです。小さな一歩の積み重ねが、徐々にあなたの職場を変えていくはずです。

また、異文化理解の問題はやたら独自ケースが多いのが特徴です。ここで描いたもの以外にも、あなたの職場ならではの問題地図があるかもしれませんよね。そこで、本書で紹介したケースを参考に、あなたの職場に合った解決策をぜひ社内のメンバーで考えてみてください。そうした議論を重ねることが、何よりの異文化理解になりますので。

あなたの職場が小さな一歩を踏み出すきっかけを、本書を通じてご提供できたのであれば、著者としてこれに勝る喜びはありません。

本書の完成までの過程では、たくさんの方の力添えを受けました。まず担当編集者の傳さんには、多くの示唆とアドバイスを与えていただきました。あらためて御礼申し上げます。そしてもう1人。日本語教師をしている妻の亜希子には、秘書役としていくつかの調査の手伝いをしてもらいました。妻の力がなければ、この本は絶対に完成しなかったことは付言させてください。

最後に、外国人材のマネジメントに日々奮闘している日本人マネージャーのみなさんに心からのエールを送りつつ、このあたりで筆を置くことにします。最後までお付き合いいただき、ありがとうございました。

2019年新春　近年、外国人移住者が急増している北海道上川郡東川町の実家にて

千葉祐大

千葉祐大（ちばゆうだい）

外国人材コンサルタント。一般社団法人キャリアマネジメント研究所 代表理事。

1970年生まれ。花王株式会社に12年間勤務。2002年に香港の同社現地法人に駐在し、前任者のいない副部長職を任されるも大苦戦。異文化マネジメントの知識やノウハウをもたないまま自己流の対応をおこない、惨憺たる結果に終わる。業績を大きく悪化させただけでなく、「あなたのような無能な上司のもとで働くのは無理」と面罵され、立て続けに部下に依願退職されてしまう。会社からも「マネジメント能力ゼロ」の烙印を押された。そのときの経験が、異文化の相手とどうすればうまく関わっていけるかを探求するきっかけとなった。

2006年に外国人材関連のコンサルタントとして独立。異文化対応に悩むビジネスパーソンに、価値観の違う相手とのコミュニケーション法を指導するコンサルティング業務を始める。並行して大学、専門学校で非常勤講師の仕事を始め、多くの外国人留学生を指導。その数は、これまで59ヶ国・地域、延べ6000人以上におよぶ。

現在は、この分野における第一人者の地歩を確立。全国にクライアントを抱え、企業研修講師としても年間50回以上登壇している。著書に『なぜ銀座のデパートはアジア系スタッフだけで最高のおもてなしを実現できるのか！？　～価値観の違うメンバーを戦力化するための17のルール～』（IBC パブリッシング）がある。

【ホームページ】http://www.careermanagement.jp/

【メールアドレス】chiba.yudai@careermanagement.jp

装　丁	石間 淳
カバー・本文イラスト	白井 匠（白井図画室）
本文デザイン・DTP	小林麻実 、清水 真理子（TYPEFACE）
編　集	傳 智之